基于语料库的翻译实践研究

张丽娜 著

北京工业大学出版社

图书在版编目（CIP）数据

基于语料库的翻译实践研究 / 张丽娜著 . — 北京 ：
北京工业大学出版社，2020.4（2022.1 重印）
ISBN 978-7-5639-7386-6

Ⅰ . ①基… Ⅱ . ①张… Ⅲ . ①翻译学－研究 Ⅳ .
① H059

中国版本图书馆 CIP 数据核字（2020）第 076643 号

基于语料库的翻译实践研究
JIYU YULIAOKU DE FANYI SHIJIAN YANJIU

著　　者： 张丽娜
责任编辑： 李倩倩
封面设计： 点墨轩阁
出版发行： 北京工业大学出版社
　　　　　（北京市朝阳区平乐园 100 号　邮编：100124）
　　　　　010-67391722（传真）　bgdcbs@sina.com
经销单位： 全国各地新华书店
承印单位： 三河市明华印务有限公司
开　　本： 710 毫米 ×1000 毫米　1/16
印　　张： 10.25
字　　数： 205 千字
版　　次： 2020 年 4 月第 1 版
印　　次： 2022 年 1 月第 2 次印刷
标准书号： ISBN 978-7-5639-7386-6
定　　价： 56.00 元

前　言

以语料库为基础的研究方法具有许多突出特点，在外语教学与研究方面显示出其价值与潜力。笔者通过例证分析和问卷调查、定量与定性分析相结合的方法对基于语料库的翻译教学进行探讨后认为，该方法对翻译教学具有指导作用，同时还可弥补传统翻译教学中存在的不足。

在全球化和信息化不断发展的今天，中国迫切需要大批翻译人才。翻译教学的优劣不仅关系到我国翻译事业的发展，而且直接影响到翻译人才的培养，因此，其重要性和地位日益突显。结合笔者十几年的翻译教学与实践经验，笔者认为目前国内翻译教学存在的主要问题包括：教学观念陈旧，多采用传统的翻译教学模式，即以教师讲授为中心，学生处于被动地位；教学内容陈旧，多以文学翻译为主，教材缺乏真实语境下的例句，时效性不强；教学效率不高，教学环节多为理论—举例—结论—练习—讲评，知识容量小，不利于学生的知识构建；翻译实践环节薄弱；等等。翻译教学要跟上社会和时代的发展，就应从学院式的封闭教学体系中走出来，走向现代化、信息化、科学化。笔者认为，以语料库为基础的研究方法，运用计算机强大的检索功能进行快速、准确的分析，可以发现语言在实际交流中的使用规律，反映语言的真实面貌，揭示最典型的语言特征，并且将有利于促进和优化翻译教学。

基于语料库的翻译教学打破了传统教学的时空观念与束缚，其定量定性的客观分析为翻译教学注入了新的活力，使翻译教学更具开放性、针对性和科学性。我们应该善于利用语料库特有的检索、存储、对比等功能，以此来弥补传统翻译教学中存在的不足，达到优化组合、因材施教、现代化教学的目的。同时，我们应该注意到，基于语料库的翻译教学还存在一定的困难和局限。首先是教学观念有待更新，其次是教学的可操控性不强，最后是对教学条件要求较高、教学模式尚未成熟等。这些问题都有待于人们进一步深入探索。

目　录

第一章　翻译研究概述

第一节　翻译的定义与分类

一、翻译的定义

自古以来，人们对翻译的定义就争论不休，究竟翻译是什么，怎么去定义翻译，到现在为止都没有统一固定的官方版本，我们甚至可以说在原则上对于翻译并没有一个确切的定义。笔者主要结合了一些专家对于翻译定义的研究，并加入自己的见解，浅析翻译定义中的文化联系。

（一）翻译概述

人类最早的翻译并不是语言上的转换，而是肢体上的也就是依靠身体语言传递信息，帮助各个部落之间进行交流。而随着历史的变迁，以及社会时代的发展，人类有了自己的语言，然后发展为个别学者或游历者掌握别国语言，到最后世界上有了相对的通用语言。这期间，翻译的作用与语言的发展呈完全正比关系。那么究竟什么是翻译，怎样去定义翻译呢？

针对这个问题，学术界并没有一个确切的定义。《现代汉语词典》（第7版）中对翻译的定义是"把一种语言文字的意义用另一种语言文字表达出来"。美国的《韦氏新大学辞典》给翻译的定义是"转换成本族语言或另一种语言"（to turn into one's own language or another language）。在中国也有许多学者给予了翻译许多定义。宋代法云在其所编《翻译名义集》的自序中指出："翻译者，谓翻梵天之语转成汉地之言。音虽似别，义则大同。"我国著名革命家兼文学家瞿秋白说："翻译应当把原文的本意，完全正确地介绍给中国读者。"

综上所述，翻译的定义不外乎有三个重点：①原文；②译文；③转化。以下重点讨论第三点。对于第三点，学术界有很多争论。而关键是如何转化，是只把语言从形式上转化过来吗？在这里，笔者想借用王军教授对于翻译的定义，他指出翻译是在改变语言形式的同时，在目的语中保持源语所表达的内容、意义、语义、信息、风格、文化，而且必须是尽可能做到完整、准确、自然对等的保持或再现。王军教授这段话说明了在翻译中转化什么，应该如何转化。译者在翻译过程中，仅仅追求字与字、句与句之间的形式转化是不切实际的。可以说原文中的每一个字、每一句话都有其特定的语境或文化背景，并不是孤立地写出或说出的。如果译者在翻译时生搬硬套过来，那么在很大程度上会造成读者的误解。在这里可以用一个小例子说明。

——What does a politician do after he is dead？ （政客死后做什么？）

——Lie still.（继续躺着。）

"lie still"确实有继续躺着的意思，但是在这里仅凭字面意思去翻译显然是不对的。实际上"lie still"在这里的意思是继续说谎，用来讽刺一些政客虚伪、爱扭曲事实的本质。

通过这个例子我们可以看出，仅仅从字面意思去翻译原文是说不通的，这会造成读者无法理解原作想要表达的内容和含义，更别说剖析文章深层次的内涵了。所以译者在翻译过程中必须要结合语境，了解原文的文化背景，并且在语言转化时一定要把原文所表达的信息风格和含义考虑在内，这样的译文才会顺畅，读者才能明白。

（二）翻译定义中的文化联系

上文中我们探讨了翻译的定义，在此期间有一个重要的词就是文化。

我们可以清楚地看到翻译与文化之间的联系，因此在实际翻译过程中，就更应该考虑到原文的本意以及其所隐藏的文化内涵。总之，从上面的讨论可以看出，翻译的定义是十分灵活的，其各种理论也在不断完善发展，没有一成不变的理论体系。随着研究的深入，笔者相信对于翻译的定义会有更深层面的剖析和解读。在翻译这个大领域中，还有很多东西需要我们进一步研究。

二、翻译的分类

既然翻译的性质可从不同的角度来定义，那么同样翻译的种类也可从不同的视角来分类。一般说来，翻译可从以下 5 种不同的角度来分类。

第一，从译出语和译入语的角度来分类，翻译可分为本族语译为外语、外语译为本族语。

第二，从涉及的语言符号来分类，翻译分为语内翻译、语际翻译和符际翻译。

第三，从翻译的手段来分类，翻译可分为口译、笔译和机器翻译。

口译又可分为：①即席口译，译员等讲话人讲完一部分或全部讲完后再翻译给听众；②同声传译，译员在发言人讲话的同时，边听边译。

第四，从翻译的题材来分类，翻译可分为专业文献翻译（科技、商务、外交、旅游、军事等）、文学翻译（小说、散文、戏剧、诗歌等）和一般性翻译（宣传品、广告、海报等）。

第五，从翻译的处理方式来分类，翻译可分为全译、摘译和编译。

第二节　翻译的过程

一、翻译过程的经验性认识

著名翻译家思果在《翻译研究》一书的"总论"中探讨翻译步骤时，结合自己的翻译经验这样说道："理想的译法是这样的：先把原文看懂，照原文译出来，看看是否有损文义和文气。如果有损，再补回来。试把不可少的字加进去，看看是否超出原文范围，增减以后和原文再校对一次。有些地方是否译错，语气的轻重是否恰如其分，原文的弦外之音译文里找不找得到？原文的意思要消化，译文的文字要推敲。"他还告诫译者不看完整句、整段、全文不要动手译，只有看完，才能够明白其中作者所要传达的意思。可见看懂原文是第一步，是整个翻译过程的基础，只有理解原文所要表达的内容，才能够"消化"原文的意思，用恰当的语言表达作者的意图。此外，校对是一个必不可少的程序，而且译完还要对文字进行推敲。

二、翻译过程的理论探索

将翻译过程研究通过模式图的形式表达出来能够更全面、更具体地使研究者掌握翻译活动过程中各要素的相互关系。英国翻译理论家罗杰·贝尔教授在其专著《翻译与翻译过程：理论与实践》中主要探讨模式、意义和记忆三方面的内容，将翻译过程分为"分析"和"综合"两大阶段，每个阶段又包含"句法、语义和语用"三个不同的操作领域。

贝尔全书的第一部分"模式"里主要包含两章的内容，集中探讨了两个完全不同的问题：①对翻译的性质进行概括性的讨论；②对翻译过程纲要性模式的陈述。贝尔从理论上回答了"翻译是什么""译者是什么""翻译理论是什么""译者在翻译过程中必须具备什么样的知识和技能"等问题。对译者能力的判定必须考虑抽象的知识体系（包括语言知识和世界知识）和关键性的阅读及写作的实际技能。为了回答"译者在翻译时做了什么"这个问题，贝尔提出了一个最初的纲要性翻译过程模型，进而引出第二部分和第三部分意义的本质和记忆中信息的存储和加工问题。翻译归根结底是对源语意义的解码和再编码的过程，使其符合目的语的要求，以期目的语读者能够读懂。因此，全书第二部分用大量篇幅着重探讨"意义"，包括传统的词义和句义、语义意义（逻辑和语法）和交际价值（修辞），将这些要素置于语言的功能（系统）模式下，与文本和语篇联系起来。对意义的一些基本概念进行区分，包括所指意义和内涵意义，蕴含、含意和预设，上下义关系、同义关系和反义关系，命题、句子和话语等。此外，这部分还讨论了研究意义的种种技巧，如：①运用成分分析法确定词义；②创造语义场和词汇场；③运用语义差异法测出隐含意义等。第三部分将"记忆"作为主题，主要探讨与信息、记忆和知识相关的两个基本方面：①文本处理的具体问题；②信息储存与检索的相关问题。这两方面对理解翻译过程至关重要。此外，这部分还探讨了在人类交际语境下记忆和处理信息时的心理过程，讨论了感觉与知觉的关系、编码与解码的过程、记忆系统的本质和记忆中存储项目类型的本质等。

贝尔在研究的过程中理论运用得最多，给翻译研究增加了很多科学的成分，但翻译过程是一个非显性的心理过程，有时很难用语言描绘其复杂程度，因此他的心理模型能否真正反映译者翻译时的真实心理过程，还需进一步验证。

三、翻译过程的实践总结

经过大量的翻译实践，笔者根据翻译过程的理论总结出对翻译过程的认识，将翻译过程分为如下步骤：明确翻译纲要，通读全文、统一术语，分析原文，理解原文，语际转换和审校译文。

（一）明确翻译纲要

翻译纲要指的是翻译所需要的交际目的、类型以及译者如何开展翻译活动。诺德认为，翻译纲要即委托人对译文的要求加上与译文接受相关的因素，如目的语受众、时间、地点、预期交际媒介、预期文本功能、文本的产生和接受动机。译者要在翻译之前明确翻译纲要，并在翻译纲要的指导下进行翻译活动，做到有的放矢。在弗米尔提出的目的论中，翻译纲要的可行性取决于目的语文化，而不是源语文化。

（二）通读全文，统一术语

由于双语转换作为一种思维过程是看不见、摸不着的，解开"黑匣子"之谜是学者们要花精力和时间仔细研究的。在语际转换的过程中还涉及翻译方法和翻译策略。翻译方法或称翻译技巧，手段有很多，如词类转换、增补与省略、主动与被动、正说与反说、具体与抽象等；翻译策略包括直译与意译、异化与归化、语义翻译与交际翻译等。译者在翻译过程中选择哪一种翻译技巧或翻译策略由译文的目的和功能决定。

在开始翻译之前，译者应该仔细分析原文，因为这是确保准确、全面地理解源语文本的唯一途径。诺德认为，以翻译为导向的文本分析不仅要确保全面理解和正确解读文本，还要为译者在具体的翻译过程中需要做出的具体决定提供可靠的基石。因此，文本分析必须置于翻译的整体概念之中，为译者提供永久性的参考框架。诺德的原文分析包括文外因素和文内因素。文外因素包括文本作者或发送者、发送者意图、文本的读者对象、文本的交际媒介或者渠道、文本生成和接收的时间和地点以及交际动机和文本能够实现的功能；文内因素包括题材、内容、前提、构成、非语言成分、词汇、句型和超语段特征。文内因素和文外因素之间相互作用。对原文进行细致的分析是翻译过程的重要步骤，也是准确理解原文的前提。

（三）分析原文

在开始翻译之前一定要通读原文几遍，确定理解作者的写作意图后，才能动笔翻译。笔者经常看到学生在翻译的时候，拿来一段就开始逐句地翻译，也没有通读原文看看整篇内容是什么，只是见到什么译什么，这种翻译结果必然无法准确传达作者的意图，学生或许都不知道自己在说什么，上下文没有连贯性。在通读的过程中将生词画出来，并将术语做出标记，通过查找资料确定术语的翻译，注意通篇的术语要统一。在进行翻译实践时，委托人往往要求译者列出术语表，以使译文读者一目了然。有时，同一篇文章由不同的译者共同完成，统一术语就显得格外重要，要不然同一个短语在同一篇译文中会有不同的表达，从而给读者带来理解障碍。

（四）理解原文

理解原文是通过阅读原文实现的，是整个翻译过程的关键步骤。理解是表达的基础，表达是理解的结果。只有对原文彻底理解才能做到准确翻译。由于原文内容可能是关于各个领域的，译者不可能熟悉每一个行业，当译者自身的知识和词汇不能满足译者理解原文的需要时，译者就要查找相关资料，储存一些与原文相关的知识和词汇，以帮助自己理解原文。

（五）语际转换

翻译是一个高度复杂的认知过程和心理过程，涉及源语与目的语之间的语际转换，涉及原作者与译者之间、原文与译文之间的相互关系。对翻译进行研究，究其根本就是对翻译过程和翻译结果的研究。学者们往往注重得到好的翻译结果（译文），却常常忽视对其所得结果的过程进行研究。翻译研究的重心从对译文的主观性评价转到对翻译过程的理论性研究，是翻译研究的未来发展态势。

（六）审校译文

审校是确保译文质量的最后一步，但其重要性不言而喻。在翻译时，由于时间仓促、译者粗心，往往会遗漏一部分重要信息，第一遍审校时就要反复推敲更改这部分的错误。第二遍审校时，要脱离原文阅读，看看有没有语句不通顺的地方，不符合译入语表达习惯的地方。如时间充裕，应再次审校，确保原文畅达自如。审校有三个作用：第一，看看译者有没有漏译，然后将漏译的地方补充完整；第二，发现误译，纠正误译；第三，润色语言，改掉令人费解的地方。

第三节　翻译的基本方法

英语翻译的研修一直是英语语言学习中的重点环节，广大的学习者应随着社会发展的趋势不断提高英语翻译技能。本节主要对英译汉中词语与句子的基本翻译技巧进行介绍，希望能提高学生的翻译水平，并使他们掌握英汉语言转化的规律及其方法。

一、词义的判断和联想

（一）根据词类

译者进行字词意义的选择时，首先要判断该词在句中的词类，而后要依据词类选择适当的意义。例如，round 和 up 在例句中所述词类有形容词、副词、介词和动词，所以它们的含义及翻译会有差异。① round 为形容词时，例如，"He has got a mellow，round voice." 他的声线圆润嘹亮；② round 为副词时，例如，"Come round and see my new house today." 今天来看我的新房子；③ up 为介词时，例如，"The ship is sailing up the river." 这艘船向上游驶去；④ up 为动词时，例如，"Prices are being upped by 15%." 价格上涨了 15%。

（二）根据字词的搭配习惯

英汉词语的搭配也存在较大区别，主要是动词和宾语、名词和形容词的搭配。①动词和宾语，例如，"She killed a robber." 她杀死了一个强盗；"I had to kill five hours." 我得打发五个小时的时间。②形容词和名词，例如，"He is a strong man." 他是一个强壮的男人；"She made a strong case for cutting taxes." 她为减税列出了充足的理由。

（三）根据字词的使用场景

同样的英语字词在不同的场合也会有不同的含义，学生在处理这类情况时应仔细考虑特定的场景以及前后文的关联，选择最佳词义。例如，claim 的解释是"（根据权益）发出要求；宣称；引起（注意）；夺取（生命）"，可以在如下场景中使用："The explosion claimed four lives." 爆炸导致 4 人丧生；"This case claimed their first attention." 他们需要重点关注这个案例。

二、词类转换法

在实际的翻译过程中，对于英语中的许多动词、动名词、非谓语动词等，我们可以对其词性进行转化，这种方法叫词类转换法。通过这种方法的使用，我们可以使译文更加符合目标语言的表述方式和表达习惯。

在英语句子的表达中常常遇到由动词转化为名词、动名词、非谓语动词等的现象。在译成汉语时，译者可以根据实际意思将这些词的词性进行适当的转换。词类转换法就是指在翻译的过程中，为了使翻译更加贴近目标语言的表达习惯，可以对译文的词类进行转换，也可以对英语中的语态和句型进行转换，通过转换可以使翻译更加精准、无误。例如：

The author is critical of man's negligence toward her shortcomings in his article.

在这篇文章中，作者对人类疏忽自身的缺点提出了批评。

在这个句子的翻译中就将其中的形容词转换为名词。总之，要本着目标语言的表达习惯进行转换，使句子表达更完整。

三、抽象名词

以英语为母语的群体注重抽象思维，善于用抽象的概念表述具体事物，抽象名词的译法通常比较复杂，译者应通过理解上下文来确定词语的具体意义，将抽象名词、抽象概念化为具体事物，从而消除或者降低语言表达习惯不同所带来的差异。例如：

His grades made him the envy of everyone in the class.

他的成绩使他成了班上同学羡慕的对象。

该句的翻译中，应结合上下文，把英语中抽象名词"envy"的抽象意义具体化。

I have too much to tell him.

我有太多的话要对他说。

在这里将原句中的"much"译为"太多的话"，使得译文自然通顺。

四、直译和意译

所谓直译，指的是在译文中既保持原文内容，又保持原文形式。意译指在翻译的过程中舍弃原文的表达方法，找到其他等效的表达法，或对原文结构进行较大变化或调整。但片面地强调一种而忽略另一种是不恰当的，我们使用的翻译方法最好能达到两者的统一，因此需要看句子的具体情况而定。我们通过以下几个简单例子来体会直译和意译的差异。例如：

You have my sympathy.

直译：你有我的同情。

意译：我同情你。

这句话的直译非常生硬，译文让人看不懂。意译虽然在形式上不相符，但是准确地表达了原文的内容。再如：

Nothing seems to be too much for you to make our stay here comfortable and enjoyable.

直译: 对你们来说, 似乎没有什么东西是大的, 为了让我们在这里住得舒适、愉快。

意译: 为了使我们在这里待得舒适、愉快, 你们似乎是不惜一切的。

这句话的直译过于拘泥于原文中的单词词义和句子形式, 译文不符合中文的语言表达习惯。而该句的意译采用了引申法, 使其含义一目了然。

五、音译法

英汉翻译中的英文名称的翻译, 如果在英语中能找到与其对应的词汇则可以采取意译法, 如果找不到对应的词汇则可以运用音译法。例如, 英语 "microphone" 在汉语中找不到类似的词汇, 可以直接译成 "麦克风"。如果中文名称在英语中找不到相应的词汇, 则多用音译法。地名也可以音译, 不必用英语的解释性名称, 如 "百花洲" 可以音译为 "Baihuazhou"。有些名称既可意译又可音译, 如中国传统食品豆腐, 既可以用英语译为 bean curd, 又可译为 tofu。

六、比喻的翻译

运用比喻这一修辞手段可以增强语言的感染力, 使表达形象生动、富有美感。

(一) 明喻的翻译

明喻的翻译在英译汉中一般都采用直译的翻译方法。例如:

He is as sly as a fox.

他像狐狸一样的狡猾。

由于英汉两种语言中的狐狸有共同的形象, 所以这里采用直译, 直接将英文原句中的比喻词换成汉语中所对应的比喻词。

但是如果喻体和主体关系不是很直接, 直译会让读者理解困难的话, 这时候就需要采用意译的方法。例如：

His brother has been as sulky as a bear since he lost his job.

他的弟弟失业后脾气很暴躁。

（二）暗喻的翻译

暗喻是一种能修饰语言的方法，它可以变抽象为具体，还能留给读者想象的余地，表达出感情。暗喻在翻译中一般可以转换为明喻或者采用意译等方法。例如：

I will tell all the girls，the old cat.

我会告诉所有女孩，这个长舌的老恶妇。

在英文中"cat"可以用来比喻爱讲别人坏话的女人，但是汉语中"猫"这个词没有对应这层含义。在这里考虑到说话人的态度，可以采用意译的方法，译为"长舌的老恶妇"。

七、灵活翻译法

灵活翻译法是指对文章进行灵活的变换和翻译，这种方法通常是指对于翻译内容的局部不会有固定的框架，而是根据上下文的意思和文章的整体思想进行灵活翻译，比如我们常用的 not...until 句型，其意思是"直到……才"，比如"He didn't eat dinner until his mother came back."，如果采用直译法就是"他没吃晚饭，直到他的妈妈回来"，这种翻译就是错误的，其意思应该是"直到他的妈妈回来，他才吃晚饭"。这种方式适合于那些并不能一眼看出意思的句子的翻译，在实际的翻译过程中，往往直译以后发现句子的意思和上下文并不连贯，所以应该尝试着运用灵活翻译法。

八、增译法

由于英语与汉语的文化背景不同、风俗习惯各异，其思维方式与表达句式也存在较大的差异。在翻译时，为了贴近目标语言的表达习惯，就不能采取直译的方法。要根据句子的含义及文化背景进行一些适当的调整或者添加一些词汇、短语及句子，才可以表达出原句的正确含义。需要注意的是，要添加准确的词语及句子，让读者能够正确理解，避免产生歧义。如果添加的词语偏离句子原有的含义太远，那就达不到预期的效果。运用增译法，既要保证译文语法结构的正确无误，又要使句子含义表达得清晰与完整。添加不能是盲目的，而是在分析原句的基础上，找出原句中隐含的词汇及省略的成分，同时注意一些概括性的词语与解释性的词汇。翻译完以后，再进行润色与调整，以使句子通顺无误。

第一，依据汉语表述习惯和意义上的需要，添加原英文含义形式上缺少的部分。例如：

In my first year of study I had a lot of grammar and spelling mistakes.

我学习英语的第一年中，在语法和拼写上都有很多错误。

第二，添加表达时态的词语。汉语无表述时态的字词，所以翻译时应注意增加表示时间的副词或助词。例如：

We can learn what we did not know.

我们能学会我们过去不知道的事情。

第三，增加复数词语。在英译汉时，名词复数如果在译文中可意会，或数量并非重点，不翻译也不影响表达含义则可以不译。如果复数不译会引起误解，则要在译文中加词体现出来。例如：

The teacher carried on work in spite of the diseases.

尽管身患种种疾病，这位老师仍然坚持工作。

九、省译法

所谓省译法，就是根据句子的句式、语境及语言的表达习惯，在进行语言翻译转换时，对某些成分进行适当的省略。运用这种方法时要注意不得对表达句子中心意思的词语进行删减，而只对一些虚词或者对句子表达没有影响的词语进行适当省略，一定要本着保持原句意思不变的原则。在一般情况下，英语中的一些代词、冠词以及连接词通常可以省略，省略以后可以使句子显得更通顺，意思的表达更精炼。例如，"She was late for half an hour at the first meeting and she left a bad image for everyone." 的意思是 "她首次会议就迟到了半个小时，给大家留下了不好的印象"。在这个句子中第二个主语 "she" 被省略了，这符合汉语的表达习惯。

十、品牌翻译

翻译商标品牌，是在进行产品说明书翻译时经常接触到的问题。在翻译时，要充分考虑到品牌所在国家的文化背景与风俗习惯。例如，中国品牌的"鹤服"在中国有吉祥、喜庆的寓意，而在法国，"鹤"具有不吉利的象征意义。在中国绵羊代表温顺、柔和，含有令人喜爱的感情色彩，而在西方国家，"sheep"具有懦弱、无能的含义。不同的国家，其历史发展的背景不同，在语言的表达意义上会产生较大的差别。所以在翻译产品品牌时，要避免语义冲突。

总之，英语翻译是英语学习的重要内容，必须进行大量的训练，掌握英语国家的语言背景与文化背景，通过翻译实践总结翻译的方法与技巧，才能使翻译达到通顺、表意确切的目标。

第四节　翻译研究的范式

一、翻译研究的范式划分

要探讨译者在不同翻译研究范式中所扮演的角色问题，首先要搞清楚什么是范式，以及翻译研究范式的划分情况。

对翻译研究的时期或范式的划分，一些学者提出了各自不同的看法。英国翻译家纽马克将西方译论分为两个时期：从公元前 55 年至 20 世纪上半叶的语言学前时期；20 世纪下半叶的语言学时期。谭载喜教授将西方翻译划分为六个时期：①发轫于公元前 4 世纪的肇始阶段；②罗马帝国的后期至中世纪初期；③中世纪时期；④文艺复兴时期；⑤近代翻译时期，即 17 世纪至 20 世纪上半叶；⑥第二次世界大战以后至今。至于中国译学研究，"按照理论形态的划分，中国翻译研究中存在着两种明显有别的类型，即传统研究与现代研究"。而吕俊教授认为，"我国的翻译研究已经经历了三种研究范式的变化，即语文学范式的翻译研究、结构主义语言学范式的研究和解构主义的多元化的研究"。笔者认为，相比较于其他几种划分来说，吕俊教授的划分更为细致精准，而本书正是以此种划分作为依据对译者作用的变迁进行探讨的。

二、不同范式中译者作用的变迁

（一）语文学范式及译者角色

20 世纪 80 年代以前都可以被称作语文学范式的翻译研究。从时间跨度上看，语文学范式的翻译研究历时最为长久，可以说中国传统的翻译思想主要属于这种研究范式。这种研究范式以主观体验和感悟为特征，缺乏科学的理论和方法。在我国，翻译思想是建立在中国古典文论和古代哲学及古典美学理论基础上的。中国古代哲学始终把人看作世界和宇宙不可分割的一部分，即"天人合一"。中国文化重意会、轻言传，强调人的悟性和直觉，津津乐道的是"神来之笔"。而中国传统美学所推崇的是含蓄之美、朦胧之美，正所谓"梅以曲为美，直则无姿；以敧为美，正则无景；以疏为美，密则无态"。这些哲学思想及美学意识反映到翻译活动中则体现为强调译者本身的素质修养，追求译文的意美及神似。中国学者认为翻译是一门艺术，好的翻译家应当以爱艺术之心去爱它，要把原作的艺术意境传达出来，要入于"化境"之中。著名翻译家林语堂在《论翻译》一文中指出：在历时两千多年的翻译活动中，西方涌现出了无数优秀的翻译家，他们积累了丰富的实践经验，探索归纳出了许多行之有效的翻译方法，形成了较为完整的翻译理论体系。同样，在我国灿烂的文化交流史中，也曾涌现过许多著名的翻译大家，如玄奘、严复、傅雷等，他们的译作和翻译思想"至今仍有方法论和价值论的生命力"。但与西方严谨而系统的翻译研究比较而言，在很长一段时间内，我国的翻译研究都存在一定的局限性。"①中国传统译学带有明显的封闭性，缺少开放、综合和跨学科的系统性；②传统译学缺少基本的翻译理论体系；③传统译学源于传统美学的方法论，强调总体把握和模糊形象思维，缺少精确分析和严谨的科学论证。"只是到了 20 世纪最后 20 年中，我国的翻译研究才发生了迅速而巨大的转变，"20 年中走过了西方半个多世纪的历程"，"翻译研究（就）经历了语文学研究阶段、结构主义现代语言学阶段、解构主义阶段"。而译者这个翻译实践活动中的主体，联系原作者、文本与译入语读者的中间纽带，在这几个不同的研究范式中所扮演的角色和发挥的作用也是不同的，而这正是本书所要深入探讨的内容。

（二）结构主义语言学范式及译者角色

20 世纪 80 年代到 90 年代中期这短短的十几年间是以结构主义语言学范式为主的翻译研究。语文学范式翻译研究阶段虽然历时较长，但始终未能形成系统的翻译理论。随着结构主义语言学的发展，这种局面被打破了。结构主义思想被认为始于索绪尔对语言的研究，其发表于20世纪初的《普通语言学教程》也被认为是现代语言学开端的一个标志。20世纪二三十年代后，短短一二十年间，结构主义语言学在欧洲发展迅速。20世纪四五十年代以后，结构主义语言学理论深入社会科学的许多领域，其严密的方法论几乎对各社会科学学科都产生了不同程度的影响。索绪尔在《普通语言学教程》中指出，"语言是一个系统，它的任何部分都可以而且应该从它们共时的连带方面去加以考虑"。索绪尔在书中多次提到的"系统"一词就是结构主义的"结构"一词的含义，因为结构主义的基本原理已在此书中解释得十分清楚："整体的价值决定于它的部分，部分的价值决定于它们在整体中的地位。"作为人文社会科学的翻译研究同样受到来自结构主义语言学思潮的影响，形成结构主义语言学的翻译研究范式。这种思潮在20世纪80年代传入我国，卡特福的"语篇等值"、纽马克的"文本中心论"、奈达的"等效论"等风靡一时。这种研究范式强化了语言的可分析性、可转换性和可检验性，破除了语文学范式翻译研究的神秘性和非理性，是一种以认识论哲学为哲学基础、以工具理性为理性基础的译学范式。

（三）解构主义范式及译者角色

从以上分析中可以看出，无论是在语文学译学范式还是在结构主义译学范式时期，译者的能动性作用均受到了相当程度的限制。在语文学翻译研究阶段，原文作者的意向对译者起着非常大的限制作用，译者能表达出作者的意图才算"忠实"；而在结构主义翻译研究阶段，原文文本又对译者起着相当大的约束作用，译者只有不折不扣地把原文转换成译入语中的对等物，译文才能算是"正确"的。然而，无论是对作者而言，还是对原文而言，谁又能佐证其译文就是绝对的、唯一的忠实于这两者或两者之一的译文呢？所谓完全的"信""等值""等效"只不过是一种美好的愿望罢了。正如张南峰教授所指出的："翻译的语言学派……企图以这些机械化的手段达到最大限度的对等——字与字、句与句的对等，却回避了文化差异、翻译动机、译文用途等重要问题，因为这些问题是语言学应付不来的……因此，有研究者认为，语言学派的翻译研究已经走进了'死胡同'。"而语文学译学范式和结构主义研究范式压抑译者的主观能动性，使之成为翻译中的"隐身人"也是不现实的。作为翻译的主体，译者不仅受到翻译客体的约束作用，他还受到一些外部环境的控制。毕竟，人文社会科学不同于自然科学，翻译研究不可能完全套用自然科学的研究方法去寻求绝对的客观和准确。翻译也绝不是简单的语言间的字句转换，而是会涉及社会、文化、历史、政治等方方面面。正因如此，翻译研究中出现了"文化转向"，人们开始把目光从文本内转向了文本外，翻译研究呈现了一种多元化的局面，出现了目的论派、诠释学派、文化学派等多种学派。解构主义思潮在20世纪六七十年代盛行于欧洲，而在我国则是出现在20世纪90年代中期以后，并一直延续至今。解构主义翻译研究范式一改以往两种范式对译者能动性的忽视，而直接将译者推上了翻译活动的前台，使译者的经验、意向、情感、动机等前理解因素被加以关注。应该说，它打破了结构主义天真、理想的翻译模式，打破了结构主义研究范式的封闭性和语言逻各斯中心，打开了许多与翻译相关的研究领域，扩大了翻译研究的视野，具有一定的进步意义。但同时，它也有不足之处和反理性的一面，比如，过分强调外部环境对翻译主体及翻译本身的控制作用，在消解意义绝对性的同时又放逐了意义，让翻译成为一种意义任意生成的游戏，从而使翻译研究处于一种混乱的状况。

从以上分析不难看出，从语文学翻译研究范式的非理性到结构主义语言学范式的工具理性，再到解构主义的反理性，译者的角色也是在不断变迁的。在前两种翻译范式中，译者的能动性作用得不到发挥，时时受制于原文作者的意向或原文文本的意义；而在解构主义译学范式，译者的主观作用却又得到了毫无节制的发挥而完全无视翻译首先是一种语言活动的事实。翻译是一种跨语言、跨文化的交际活动，作为这种交际活动纽带的译者，其作用的正确发挥必须要兼顾语言和文化两个层面，不可偏颇任何一方。

第五节 中西翻译研究对比

一、中国翻译理论概述

根据史料记载，中国翻译实践最早可追溯到东汉末年外籍僧侣和华籍胡裔僧人的私译活动。当时尚未有翻译理论的指导，翻译人员一般都采用直译、死译或者胡译的手段。随着对外交流日益频繁，译场开始出现，翻译活动由私译转为官译。

中国翻译理论发展史可划分为四个阶段。第一阶段是古典译论时期，始于东汉支谦，止于鸦片战争。这个阶段的翻译理论主要讨论佛经翻译的问题，对后来的翻译思想有着积极的启示作用。东汉的支谦、东晋的道安和鸠摩罗什、唐代的玄奘等是这一时期的代表人物。支谦打破直译的套路，追求文字的典雅。与支谦不同，道安法师在主持佛教译场时，唯恐翻译失真，主张严格的直译。他提出了著名的"五失本，三不易"的翻译原则，认为在翻译佛经时，五种情况下会失去本来的面目，翻译中有三件事情是很难做到的。鸠摩罗什主持佛经翻译达四百卷，对六朝时中国佛学的形成和发展起到了重要的作用，他对翻译方法有很深刻独到的看法，但是鲜有文字记载。他在中国最早提出如何表现原文的文体与语趣的重要问题，对文学翻译影响甚大。梁启超用"天然识趣"四个字概括了鸠摩罗什的翻译思想，十分精辟。玄奘被视为我国古代翻译界的巨星，他提出了"既须求真，又须喻俗"的翻译标准，认为译文必须忠实于原文、通顺流畅。第二阶段是晚清译论时期，始于鸦片战争，止于五四运动。在内忧外患的时代背景下，翻译家们秉承"师夷长技以制夷"的理念，主要从事科技翻译。因此，这个时期的翻译理论又具有务实性的特征。这个阶段的主要代表人物有马建忠、严复以及维新派和洋务派等。马建忠提出"善译"，严复则提出了"信、达、雅"。第三阶段是民国译论时期，起于五四运动，止于1949年中华人民共和国成立。这个时期译界引进了大量外国文学，因此文学翻译欣欣向荣。鲁迅提出了"保存着原作的风姿"，瞿秋白提出"对等概念"，陈西滢提出形似、意似与神似，茅盾提出"再现意境"，傅雷提出"重神似而不重形似"。第四阶段是当代译论时期，即中华人民共和国成立至今，这个时期翻译家们开始关注翻译作为一门学科的发展。1951年，董秋斯发表了《论翻译理论的建设》，标志着中国译论开始转型，朝着有目的有体系的方向发展。1990年，刘宓庆出版《现代翻译理论》，标志着中国现代翻译理论体系建立。

二、西方翻译理论概述

西方翻译实践的肇始阶段是古希腊没落和古罗马兴起时期，尽管古希腊开始衰落，但是其文化仍然优于古罗马，因此具有很强的吸引力。当时，翻译的重心主要是古典文学，尤其是荷马史诗。西方最早的翻译理论家是罗马帝国时期的西塞罗，他首次区分了"作为解释员"和"作为演说家"的翻译，这便是直译和意译的由来。

到了中世纪，有但丁的"文学不可译"和波伊提乌的"宁要内容准确，不要风格优雅"。文艺复兴时期有多雷的翻译五原则，有马丁·路德的人文主义观点。在 17 至 18 世纪，有泰特勒的翻译三原则，施莱尔马赫的口译与笔译、文学翻译与机械翻译的区分，洪堡的语言决定世界观和可译与不可译性，以及纽曼的"评判标准在于读者而非学者"。在 20 世纪，西方译论研究范围开始横向拓宽、纵向深化。费道罗夫针对翻译研究提出"翻译理论由翻译史、翻译总论和翻译分论三部分组成"，还有雅各布森的"语内翻译、语际翻译、符际翻译"，奈达的"动态对等""翻译即科学""翻译即交际"，纽马克的"文本中心"论以及塞莱斯科维奇的"翻译释义理论"。在这个时期，西方翻译研究领域出现了各种思想流派，如翻译研究派、翻译科学派、文化学派、操纵学派、目的学派、功能学派、交际学派、语篇语言学派、话语结构学派、释义学派、解构学派、多元系统学派等。

三、中西翻译理论的相似性

尽管中西方在地理位置、风俗习惯、文化体制和政治制度等方面存在差异性，但是，翻译活动作为语言文字的实践活动，不管是在中国还是在西方，都遵循着一般的规律，它们之间存在着许多共性。

（一）中西译论都发轫于古典文学翻译

翻译实践推动着翻译理论的发展，翻译理论反过来指导着翻译实践。如果不将人类早期部落间使用的手势或动作交流视为翻译活动的话，那么，人类最早有文字记载的翻译实践应该是古典文学翻译。在中国，最初的翻译活动是东汉末年的佛经翻译，当时的《法句经序》被学术界推为最早带有翻译理论色彩性质的文章。此后的几百年时间，佛经翻译盛极一时，涌现出许多佛经翻译家，如鸠摩罗什、玄奘和真谛等，他们对佛经翻译的原则与方法有着许多独到的见解。在西方，翻译实践源于对古希腊文学的翻译，开始是荷马史诗翻译。对比中西宗教翻译，可以发现，直译和意译是翻译家们讨论的核心问题，并且直译的呼声更显高涨。

（二）中西译论的核心主题一致

纵观中西翻译理论的发展史，虽然各家呈现出百家争鸣、百花齐放的局面，但是仔细探究，便可窥探出中西方翻译家们探索翻译理论时都离不开一个共同的主题，那就是内容的忠实性、表达的流畅性、风格的一致性。中国从支谦、道安法师、玄奘到严复、马建忠，到陈西滢、钱钟书，再到董秋斯、刘宓庆；

西方从西塞罗、哲罗姆和奥古斯丁到多雷、洪堡、施莱尔马赫，到奈达、纽马克，再到后来的各个翻译流派，各人各派对翻译标准的表述确是异彩纷呈的，他们也都在继承前人的基础上进行了改良和创新，但是译论的核心主题始终不变。到了近代，中国著名的翻译家严复提出了"信、达、雅"之说，与同时代的泰特勒提出的翻译"三原则"有异曲同工之妙。虽然文字表述不一样，但是意思都是"译文必须忠实于原文，译文必须通顺，译文的风格必须与原文的风格保持一致"。虽然"忠实、流畅与风格一致"是翻译理论永恒探究的主题，但是，这并不代表它们是翻译研究的全部内容，古往今来，翻译理论一直都处于不断创新发展之中，新的翻译思想为翻译实践活动提供了全新的视角。

四、中西翻译理论的相异性

虽然中西译论都建立在语言文字基础之上，具有很多相似性，但是各国语言文字分属不同语系，语言结构和语言文化各具特点，加上各国历史演变和思维方式的不同，中西译论的发展和形成也呈现出许多差异性。

中西译论在发展的初始阶段都是零散的、片段的、不成体系的。西方最早见于西塞罗提出的"作为解释员"和"作为演说家"，中国则最初始于支谦提出的"因循本旨，不加文饰"。连同稍晚提出的观点，这些早期翻译思想都仅仅是当时翻译实践者们对于翻译方法总结出的一些感受和想法，谈不上是系统的翻译理论。多雷和泰特勒等人就明确提出了翻译的具体原则和方法，雅各布森也发起阐述翻译的分类，奥古斯丁探讨翻译过程中的语言学问题。到了文艺复兴时期，翻译理论家们则对翻译进行了专题研究，把翻译问题的底层操作提升到了上层的理论分析和系统总结。纵观整体，西方译论借助了多学科的知识发展和丰富了翻译的视角，包括语言学、文艺学、修辞学、传播学、交际学、生态学和符号学等，涌现出许许多多的翻译流派。因此，后人又将西方翻译理论的发展划分为三大主线，即语言学翻译理论主线、文艺学翻译理论主线和阐释学翻译理论主线。由此可见，西方翻译理论的发展更为注重对翻译活动的客观描述，并且从这些描述中抽象出指导翻译实践的方法。然而，相比较而言，中国翻译理论则偏于具体实用。从支谦到严复，从陈西滢到董秋斯，从傅雷到钱钟书，每一代翻译家关注的几乎都是翻译技巧和翻译方法的问题。涉及的问题总是围绕什么是翻译、如何翻译、怎么评价翻译，他们关心的是提出的翻译理论能否指导具体的翻译实践，对翻译活动有没有帮助。中国译论不成系统也不成流派，更加没有将翻译作为一门学科来研究。当代中国译论受到西方理论的影响，开始意识到翻译科学建设的迫切性，但是，发展较为缓慢。

　　中西翻译理论同属翻译学科体系的重要组成部分，为人类翻译实践活动提供了强大的理论支撑。中西译论不存在孰重孰轻、孰优孰劣、孰是孰非的问题，它们根植于翻译实践活动，但孕育在不同的语言环境和文化土壤之中，因此，各具特点。本书尝试对中西译论做比较分析，一是为读者提供全新的视角，对中西译论的主要框架有一个粗略的认识；二是通过比较分析，把中西译论的共通性和相异性提取出来，深化读者对中西译论的认识。中西译论的相似性多于相异性，但相异性的意义重于相似性，正因为不同，我们才需要取长补短、优势互补。

第二章　英语翻译理论研究

第一节　交际翻译理论与商务英语翻译

随着我国外贸经济的快速发展，商务英语成为企业贸易间沟通的桥梁，商务英语翻译也就成了贸易中的一项重要工作。交际翻译理论符合了这些要求并被广泛地应用到商务英语翻译中，使翻译取得了更好的效果。

一、交际翻译理论概述

英国著名翻译教育家彼得·纽马克在 1981 年提出了语义翻译和交际翻译两个词汇，并把文本做了明确的分类，包括信息型、表达型和呼唤型，强调了在对原作或者译文进行翻译时，要紧贴原文。而彼得·纽马克的语义翻译理论主要强调对原文作者的思维过程进行重现，比较重视翻译内容，并且提倡利用短小的句子对原文的单词、短语等进行表述。而交际翻译理论恰恰相反，强调翻译的语域要与目标文本相一致，更加注重翻译效果，交际翻译理论在翻译上一般是以段落为基础的，把目的语作为翻译中心，比较注重读者的理解和对译文的反应，主要是让读者能够读到真实客观的原文信息。纽马克认为，在翻译中使用的方法是按照文本性质的不同进行选择的。在文本中，像小说、信件等文学文本，都属于表达型文本。而有些文本的主要目的是要表述文本的内容和传递相关的信息和知识，这种类型的文本属于信息型文本，要求内容和书写格式比较规范，大部分的领域都可以应用。呼唤型文本的主要目的在于得到读者相应的反馈，把读者和作者紧密地联系在一起，如指南等属于呼唤型文本。纽马克认为，在表达型文本中，使用语义翻译比较合适，而交际翻译比较适合在信息型文本和呼唤型文本中使用。

二、交际翻译理论在商务英语翻译中的适用性

（一）对各国家间的文化不对等现象进行合理的调整

经济全球一体化给各个国家带来了巨大的机遇，同时，也给他们带来了挑战。由于地域差异，各个国家的民族文化、风土人情和生活习惯等存在着巨大的差异。而交际翻译理论的目的就在于把原文的主旨通过适当的语言表达出来，使翻译后的文意和原文本的文意相同，并让译文读者和原文读者产生同样的阅读感受，从而实现准确交际的目的。所以，在中西方民族文化存在巨大差异的情况下，翻译人员要对不同国家的民族文化进行了解和掌握，并使用适当的语言，把各国的民族文化进行等值的信息交流。在实际英语应用中，经常会出现同一个词在不同文化背景下有不同的意义的情况。例如，兔子在我国是一种很可爱的动物，还有以兔子命名的"大白兔"奶糖，深受国民的喜爱。但是，在澳大利亚，兔子并不是一种受欢迎的动物。它们破坏草原，与牛羊争夺食物，阻碍了当地农业的发展。在对中国"大白兔"奶糖品牌进行翻译时，不能直接译成"White Rabbit"，否则，会给此品牌带来很大的负面影响。

（二）能够使译文与原文信息对等

交际翻译理论的观点表述了翻译的目的在于对原文的信息进行准确的传达。翻译中所做的所有工作必须服务于译文的整体效果。而商务英语翻译最基本的要求就是要保持译文信息与原文信息对等，实现信息的等值传递。在这种情况下，翻译工作者对部分特殊信息进行翻译时，要根据不同的文化差异、不同的环境，对信息进行相应处理。在现实的商务英语翻译中，有很多翻译者对词汇进行了直译，使翻译前词汇所表述的信息和翻译后所表述的信息不能等值，从而出现了很多错误。例如，我国很多"国家二级企业"被翻译成"state second-class enterprise"，而"second-class"在英语中具有质量下降的意思，既影响了企业的形象，也给企业的扩大和发展带来较坏的影响。我们可以把这个词语用"state-level II enterprise"来翻译，相对会好很多。所以，在商务英语翻译中，翻译工作者要对自己的工作极度负责，防止类似事件出现，以免带来不好的影响。

（三）要求用词必须准确、严谨

由于商务英语翻译是一项专业的技术活动，直接关系着企业的经济利益，所以，翻译者在进行翻译时必须用词严谨、准确。如果在翻译中对很多词语只是进行直译，没有相应的商务知识做指导，就不能准确地表达出原文的意思，甚至与原文意思相悖而行。例如，在日常生活中，我们会把白酒直接翻译成"white wine"，从字面上来看，我们的翻译好像没有错误。但是在英语中，"wine"一般特指用水果为原料来酿造的酒，如 apple wine 等。当"wine"前没有任何修饰语时，它的含义是指葡萄酒，所以"white wine"从字面来看就是"白葡萄酒"的意思。这样就使单词和表述的含义有所差别，从而出现错误。

三、交际翻译理论在商务英语翻译中应用的方向

（一）交际翻译理论在商务英语翻译中的直译应用

在商务英语翻译中，一般采用直译、意译和转译三种方法。商务英语翻译中的直译主要分为两种。一种是含义直译，是指根据原来文本的语法内容和词汇结构进行直接翻译，其中不加入特殊的调整。而另一种直译为发音直译，顾名思义，就是英语中有一些词语可以通过发音来翻译成中文，并且这些词语的应用范围也较为广泛。如"model"可以直接被译为"模特"，"salon"可以直译为"沙龙"。交际翻译理论的直译应用简单易懂，很容易被双方国家所接受，同时又可以提供很好的交流意境，既有本国的语言韵味，也具有对方国家的语言风格，有利于双方国家的交流和合作。

（二）交际翻译理论在商务英语翻译中的意译应用

通过理解原始文本的内在含义，进行内容的形象表达，从而实现信息的传递，这种翻译方式是交际翻译理论在商务英语翻译中的意译应用。英语与汉语在很多表达方式上都是相似的。如汉语中常常对于某些事物或者动作使用比喻的方式进行表达，在英语中也经常会用到。如果遇见带有比喻等手法的英语，对其使用直译的方式进行翻译，就不能达到很好的翻译效果，也会阻碍双方的正常沟通和交流。如"He was born with a silver spoon in his mouth."，对于这一句可以直译为"他出生的时候嘴里含着银匙"。这句话很明显是不符合常理的。这种翻译也不容易让人理解此句话的深层含义。而交际翻译理论的意译应用就

可以把这句话利用比喻的手法进行联想、翻译，能够使读者真正地体会到原文所要表达的含义。事实上，可以含着银匙出生的人说明他从出生起就比较富有。在正常的表达中，出现发音或者表达不清楚的文本很正常，我们可以利用交际翻译理论对其进行合理的调整，这样可以使商务英语翻译达到更好的效果。

（三）交际翻译理论在商务英语翻译中的转译应用

在商务英语翻译中，交际翻译理论的直译和意译的应用相对简单、浅显易懂，而转译就需要翻译人员具有较强的专业技能和深厚的文化知识积累，才能把原文的含义表述得淋漓尽致。进行转译时，必须把原文中语句所描述的事物转换成另外一种事物，并做出更多的调整，来实现双方文化的沟通和交流，相对于直译或者是意译，难度增加了很多。例如，中国的紫禁城是具有代表性的中国历史文化遗产，同时也是有名的旅游胜地，深受中外游客的欢迎。但是"紫禁城"在英语中被翻译成"Forbidden City"。这种翻译方式并不是直译，因为其中的紫色没有被翻译出来。但它也不是意译，如果是意译，所表述的内容和文字的字面表述不应当有关联，而它恰恰是有关联的。因此，这个翻译所采用的是转译的方式，能够充分地对紫禁城进行表述。交际翻译理论的应用能够把一个事物转换成另一个事物进行描述，也可以把静态和动态互转，最终来达到信息的传递和思想的感悟。

第二节　功能翻译理论下的英语翻译

功能翻译讲求翻译由原作者、翻译人员与读者构建一个整体，着力保证原文与读者的互动，更好地传递作者的意图，达到对主客体条件的充分考量，更好地发挥翻译技巧的价值，达到提高翻译有效性的目标。

一、功能翻译的理论内涵与价值

（一）功能翻译

功能翻译主要指的是满足读者需要的翻译，强调读者与原著之间进行有效交流，是在长期实践与积累中形成的实用的翻译方法。功能翻译基于对原著的充分理解，注重使读者在译文中感受原文的精华。

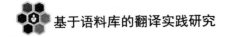

（二）主要价值

功能翻译有效地消除了传统的逐字逐句翻译的弊端，提高了翻译的效率，而且更有助于读者把握原著的内涵。

二、功能翻译视角下的翻译原则

（一）明确目标

功能翻译从根本上摒弃了逐字逐句翻译的理论，强调结合特定的语法与句法结构进行翻译，翻译行为不仅要尊重原著，而且要更多地为读者服务，这样才能实现翻译的价值，并且达到翻译的目标。译文的翻译需要根据接受者的阅读目标而定，在翻译的过程中应当充分地考虑接受者的文化水平、生活背景，以及对作品的期待。只有充分考虑读者的情况，才能恰当地决定使用哪种翻译方法，这样才能提高交流的有效性。

（二）忠于原著

基于功能翻译理论的英语翻译强调忠于原著，在中西方文化融合的背景下更好地保证原著的意境。功能翻译更注重从读者的需要出发，强调达到文化交流的目标，要求译者在翻译的过程中把握好语境，让读者更清晰地了解原文的主题思想。忠于原著的英语翻译还要达到内容与形式的统一，能够通过有效的形式反映文本的中心思想，按照形式服务于内容的方式，达到对翻译内容的深度体现。忠于原著的翻译还要适当地运用修辞方法来体现原著的情感色彩，有效地描述原著的情节，让读者在翻译中体会到作品的深刻内涵。

（三）实用有效

实用性也是功能翻译理论遵守的基本原则，功能翻译要讲究实用性，做到篇内与篇外一致，在翻译的过程中要做到原文与译文保持一致，并且保证翻译的连贯性。

三、功能翻译视角下的翻译方法

（一）口译方法

基于功能翻译理论的英语翻译技巧更强调在翻译的过程中尊重作品的文化内涵与语境，强调知晓作品中所有词汇的意思，注重根据语篇语境进行推理。

口语翻译强调即时性特征，强调达到体现前瞻性的翻译目标，并根据具体的语境进行翻译。

（二）意译方法

意译方法主要指的是在英语翻译时不能只从作品的字面意思出发进行翻译，还要注重中西方文化的差异。因此，翻译人员应当熟悉中西方文化的特征，能够利用一些特殊的语境进行翻译，在翻译时还要调整词语的顺序，注重合理地增减词汇。

（三）灵活翻译

基于原文的功能性翻译应当对原文的结构布局有一定的把握，体现出对原文结构的深刻把握和理解，在贴近原文的基础上，使读者更加准确地接收信息。因此，翻译者在翻译时还要对原文的内容、语言习惯、描写方式进行整理，不能只片面地翻译，还要注重翻译时的层次递进性，掌握翻译的基本法则。

第三节　功能对等视域下的英语翻译

在全球一体化发展趋势逐渐加剧的今天，英语作为一种重要的国际通用语言，其在国家政治、经济、文化、教育等的发展进程中发挥着越来越重要的作用。因此，英语教育、英语人才培养、英语翻译等逐渐成为社会广泛热议的话题。本节就功能对等视域下的英语翻译策略展开深入的研究与探讨。在对功能对等相关理念内涵，以及其在英语翻译中的具体应用策略等进行详细探究的基础上，分析功能对等视域下的英语翻译技巧与翻译策略。

随着国际化发展，国与国之间的信息互动不断增多，英语翻译对国际交流的作用也越来越明显。因此，我国十分重视英语翻译人才的培养。而功能对等理论是英语翻译的重要理论指导，能够提高英语翻译质量，加强人们的活动与交流的效率。并且，按照功能对等理论进行英语翻译能够保证翻译信息的统一性，确保翻译工作顺利进行。在这种情况下，学者应加强对功能对等理论的研究，加快探索功能对等视域下的英语翻译，以保障翻译的高质量和信息交流的完整性。

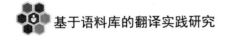
一、功能对等概述

（一）功能对等理论内涵

功能对等理论强调英语翻译的语言形式，重视对翻译过程中特殊现象的分析和处理，不会在翻译过程中单一注重文字外在内涵和文字的表象特征，而是在文字基础上对英语和汉语的关系进行研究，进而优化翻译效果，使翻译更加完整。并且，功能对等理论将英语语言形式与汉语语言形式相结合，形成了具有多样化与灵活性特征的翻译体系。

（二）功能对等对英语翻译的作用

英语翻译的主要目的是实现双方的信息交流。随着人们信息交流的增多，各行业对英语翻译的要求也越来越高，英语翻译必须确保翻译的专业性和精确性。而功能对等理论能够加强翻译人员对翻译领域的了解，使其掌握英语翻译的技巧，进而增强翻译的准确性，提高翻译效率，加强互动交流。因此，功能对等理论能够实现对英语翻译的指导和促进作用，有利于翻译工作的有序开展。

（三）功能对等在英语翻译中的应用

词语翻译需要遵循一定的翻译原则。具体来讲，英语翻译的专业性较强，需要加强对词语与专业术语的全面了解，避免翻译失误对活动交流的阻碍。同时，语句的翻译要根据功能对等理论实现所翻译的句子与原句之间的对等。根据翻译的实际情况，如果直译能够准确表达原有文本的含义，翻译者可以采取直译的方法进行翻译。并且，为了实现形式对等和功能对等，翻译人员可以对原有句子的结构进行调整，然后再进行翻译。在功能对等视域下，语篇的翻译必须保证语篇功能的对等，全面掌握语篇的内容，对文中的句子和词语进行整体分析。

二、功能对等视域下英语翻译技巧

（一）语言意义对等

语言意义对等是功能对等视域下英语翻译的重要目标，因此，翻译人员在英语翻译过程中应积极了解原文的内容，在翻译的时候使译文能够准确地表达原文的内容和意义，避免信息翻译错误对信息交流的影响。并且，在功能对等视域下，英语翻译应做到语言意义的对等，加强对词汇、词句和语篇的了解，保证词汇意义、词句意义和语篇意义的对等。同时，在涉及不同专业词汇的时候，英语翻译应深入了解专业词汇的意义，实现对专业词汇的合理翻译，确保专业术语的意义不变。

（二）语言风格对等

语言风格对等是功能对等视域下英语翻译的重要目标，对英语翻译的有序开展有着巨大促进作用。因此，英语翻译应重视语言风格的对等。并且，由于英语翻译具有较强的专业性，翻译人员需要充分了解原文的风格特征，在翻译过程中保留原文风格特征，对语篇、词语和词汇进行合理翻译。另外，在翻译过程中，翻译人员应做到言简意赅、注重细节，避免因疏忽细节而导致语言风格的改变。

三、功能对等视域下英语翻译的策略

（一）直接翻译

直接翻译是英语翻译中常用的翻译方法，具有直接性和便利性的特点。在翻译过程中，翻译人员应根据翻译内容科学制定翻译策略，确保翻译具有针对性，使译文能够准确表达原文的意思。而直接翻译能够对一些基础的词汇和句子进行翻译，并保证意义的对等性。直接翻译还能够实现功能形式的对等，便于人们对译文的理解。因此，翻译人员在功能对等视域下可以使用直接翻译的策略对文章进行翻译，确保译文和原文在意义、功能、形式方面的对等。

（二）归化翻译

影响英语翻译的因素众多，主要包括语言本身、语言背景、语言文化等。在翻译过程中如果采用单字翻译的方式会导致语言对等无法实现。在这种情况下，英语翻译人员应在功能对等理论的指导下采取归化翻译策略，加强对原文中心思想的了解，全面掌握原文中的专业术语，把握原文的语言风格。翻译人员应在了解原文主旨的基础上，使译文能够再现原文内容，增强英语翻译的生动性。为此，翻译人员应对词汇、专业术语、句式等进行灵活运用和变通，避免翻译不准确的现象。

功能对等理论是英语翻译的重要指导理论，能够促进英语翻译工作的有序进行，对英语翻译工作开展具有巨大促进作用。因此，我们需要加强对功能对等理论的重视，积极掌握功能对等视域下英语翻译的技巧和方法，并结合实际情况，根据功能对等理论采取直接翻译策略和归化翻译策略，加强对英语文化的学习，不断提高翻译人员素质，进而实现英语翻译效率的提升，促进翻译工作的有序发展。

第四节　目的论视角下的英语翻译

翻译不但是一门技术，还是一门艺术。翻译英语时，不仅要求翻译者能够熟练应用各类翻译技巧，还需要翻译者能够在翻译过程中融入翻译艺术。翻译目的论将翻译艺术与翻译技巧放在同等重要的位置全面考虑，分别从受众以及译入语文化两个角度出发，对翻译理论进行阐述，且提供了比较完善的翻译策略。

一、目的论概述

目的论指的是在进行翻译时，把翻译的目的放在首要位置，并以此来确定所采用的翻译技巧与翻译方法。通常情况下，我们是根据翻译目的而决定使用哪种翻译方法的。所以在目的论视角下进行翻译时，翻译者必须对其翻译目的予以明确，因为翻译方式以及翻译结果均会随着翻译目的的不同而有所改变。目的论的提出大大转变了以往翻译过程中把翻译的准确性与翻译效果放在首要位置的情况，以往在评价翻译过程时，通常是以翻译目的是否达成为标准。而在翻译论视角下，在开始翻译前翻译者必须清楚掌握翻译目的，并参考翻译目的达成所需采用的翻译方式与方法。

二、目的论视角下的英语翻译原则

（一）目的性原则

英语翻译工作和其他工作相类似，都有一定的目的性，其目的主要在于达到特定的翻译效果。由于中西方文化存在较大的差异，行业不同其英语专用词汇与语法特点也相差甚远。所以在翻译过程中，必须要对受众的文化背景、接受程度及其语言习惯进行全面考虑，让受众能够快速进入文本所创设的语言环境中，并能够在最短的时间内了解文章框架与内容。除此之外，译者还应当根据具体受众来选择相应的翻译技巧。例如，对于商务类、科技类的英语文献，应当一字一句仔细翻译，以确保翻译的完整性；对于日常交际方面的英语，应尽可能运用当地习惯使用的表达方式，防止对英语进行逐字逐句的翻译，以免让受众产生生硬的感觉。当前，国际交流越来越密切，越来越多的人可以通过互联网阅读到国外的优秀文化成果，因此，翻译就显得极为重要。只有确保翻译效果良好，才能让文化作品流传得更为久远。

（二）忠诚性原则

英语翻译的忠诚性指的是尽可能采用受众所擅长的语言将原文内容完整地翻译过来，以确保能够将原文构架内容系统、全面地呈现给受众。然而，要想有效融合两种文化，且运用同一语言将其完整地表述出来具有较大难度，需要翻译者能够全面掌握两种文化，并且能够熟练运用两种语言间的转换技巧。在英语翻译过程中，要确保翻译内容的一致性与完整性，确保在原有知识结构不发生改变的前提下完整地将文本呈现给受众。如若译文出现严重错误，或是严重改变了原文的意思，那么翻译将毫无意义。所以，忠诚性原则是英语翻译必须遵循的原则之一。

（三）连贯性原则

英语翻译的本质是用目的语文字将源语文字转述给读者，但是语言需要遵循特定的表述技巧，无论是译文还是原文，均有完整的体系，均是由一定的语法以及语言结构衔接而成的。所以，翻译者应在翻译过程中对语言微观结构以及宏观结构进行分析与掌握，重视各个环节以及内部知识结构的衔接，让翻译出来的作品能够与受众语言习惯相符。

三、目的论视角下的英语翻译策略

（一）了解受众需求，明确翻译目的

在目的论视角下，翻译时首先要明确翻译目的，并在此基础上选择最适合的翻译手段与方法，以确保能够与受众需求相符。所以，翻译者在翻译过程中应当合理划分受众，将其分为不同的级别与层次，并在翻译过程中根据不同的级别与层次的具体情况来进行有目的的翻译。

（二）充分尊重译入语的文化

首先，在进行英语翻译时，翻译者应当结合具体翻译目的和文本接受者的特点来进行文本的翻译。如翻译文学文本时，应当侧重语句的感染力和艺术

性；翻译科技文本时，应当侧重语句的逻辑性和科学性，保证文本的科技含量；翻译公文文本时，应当侧重语句的缜密与精细，做到语气正式。总体来说，就是根据具体文本来进行有目的的翻译，并且应当结合目的语情境下的目的与受众来合理调整翻译方法。其次，应当充分尊重译入语文化。全面理解译入语文化能够帮助翻译者将原文精准地翻译为容易被受众所理解、可用于交际的文本。如若在翻译过程中出现不尊重译入语文化或是不能准确理解译入语文化的情况，那么所翻译出来的文本就无法达到特定翻译目的或交际目的的作用。如 three-day weekend 不可直接译为"三天的周末"，而应当对美国文化进行全面了解，认识到在美国，人们将周六、周日以及周一连在一起的假日称为"总统日"。

（三）翻译顺序上需严格遵照原文语言风格

为了确保英语翻译后文意不发生改变，我们应在英语语法与句式的翻译顺序中严格遵照原文语言风格。首先，在英语语法翻译顺序上，以被动语态为例。笔者研究发现，要想将英语被动语态这一语法顺序翻译得符合汉语使用习惯，其技巧在于可以使用"为""由"将句子翻译成主动句。如"Since desire and will are damaged by the presence of thoughts that do not accord with desire，he conclude："We do not attract what we want，but what we are.""这一英语长句使用了被动语态，要想将其翻译得符合汉语使用习惯，只需将其译成主动句"和欲望不匹配的想法会摧毁我们的欲望和意志，由此他得出一个结论："我们不能吸引自己想要的东西，只能做好自己。""通过将其翻译成主动句可以让人明确掌握句意。其次，在英语句式翻译上，以较为常见的长句为例。笔者认为要想实现良好的翻译质量，其核心在于长句中必须注重主次顺序，这样一来，可以使人们在准确掌握长句的基础上很好地理解原句意思。长句翻译中，其关键在于将句子所有的主次顺序，即主谓宾这三个要素准确找出。

（四）重视专业术语的运用

一般情况下，英语文章类型多样，翻译时难免涉及较多的专业术语，所以在进行英语翻译时，务必要对专业语言进行准确把握，防止出现纰漏。如在翻译商务英语"At present the foreign exchange market in New York is very weak while the stock market is very strong."时，可以运用有关专业术语将其译为"当前纽约外汇市场较为疲软，但股市仍旧非常坚挺"。

（五）根据语言风格确定句式翻译顺序

中文语法和英语语法有着巨大的差别，不但句子结构具有较大差异，而且语序也有所不同。在翻译长句子时，务必将句子顺序的特点进行全面考虑，将主语、谓语、宾语的位置确定下来。在翻译被动语态时，还可合理运用"为""由"等词语将译文准确地翻译出来，把被动语态转变为主动语态，从而提升翻译的合理性与科学性。

（六）严格按照译语文体进行翻译

现阶段我国英语翻译中的文体主要涉及商业、科技、文化、艺术以及文学等方面，而结合实践来看，受表达方式、语言风格等多种因素的影响，它们在翻译中有着极大的差异。比如国际贸易中商务翻译强调的是严格依据相关规范做到严谨准确；外文电影翻译中，根据影片不同其翻译要求又分为强调原著艺术性和强调通俗幽默性。例如，在美国动画电影《狮子王》中"Everything you see exists together in a delicate balance."一句的翻译上，我们需要充分结合影片中辛巴父亲对辛巴讲出这句话时所处的背景，并根据狮子作为大草原中王者的背景展开翻译，译成"世界上所有的生命都在微妙的平衡中生存"。这不但能够体现出老狮王对辛巴的教诲，也为影片后续情节中辛巴具备良好的性格做了铺垫。

目的论视角下的英语翻译有着极为重要的意义，其不但能够有效弥补传统翻译中存在的不足，还能够大幅提升英语翻译的准确性与科学性。所以，在进行英语翻译的过程中，翻译者应当明确受众的实际需求，并以此为依据确定翻译目的，从而对翻译过程起指导作用。不仅如此，翻译者还应当充分了解与掌握译入语的文化背景，严格遵循相应的翻译原则，以不断满足受众的阅读需求，提高英语翻译的准确性。

第五节　实证角度下的翻译过程变量分析

赵彦春在其《翻译学归结论》一书中提出了翻译研究的"归结主义"方法，提出"归结主义研究范式就是要把翻译研究归结到翻译过程，并把这一过程看作客观的研究对象"。翻译过程分为两方面：外部过程与内部过程。外部过程表现在两个层面，即机械层面和程序层面，以译员接受翻译任务始，以上交译文终。内部过程由外部过程在某一接合点引发，它由信息的认知处理构成，在物质方面表现为译文。翻译过程实证研究主要研究内部过程，即译员翻译时脑子里在想些什么；同时，外部过程的某些方面（如翻译要求、使用翻译辅助工具）由于对内部过程影响巨大，也被考虑其中。

翻译过程研究运用的主要方法是有声思维，即"采用收集内省数据的方法，研究者在实验中要求受试者在完成翻译任务的同时，将大脑中即时的思维意识活动完全口述表达。口述被同时录音或录像记录。研究者再将录音整理成书面记录，进行缜密分析研究，根据实验目的，发现常规与特点，研究译者大脑的思维过程"。到目前为止，使用有声思维进行的翻译过程实证研究的侧重点主要包括翻译策略、翻译步骤、翻译单位、自动化程度、情感因素等。

一般而言，一项实验只能研究翻译过程中的某个侧面，而要分析纷繁复杂的翻译过程就需要寻找整理出其中涉及的各种变量。本节将在前人研究的基础上分析阐述三对区分变量及翻译过程中存在的变量。

一、三对区分变量

在翻译过程研究中，翻译高手与翻译新手、日常翻译与非日常翻译、文学性翻译与非文学性翻译这三对变量是最为重要的区分变量，它们的组合本身会造成许多不同的情形供研究者探讨。因此，了解这些区分变量是研究任何翻译过程的前提。

二、翻译过程中的变量

很多学者认为翻译是一个问题解决框架内的决策过程。该过程包含许多变量，可分为外部变量与内部变量。外部变量包括翻译规范、翻译要求、翻译方向等；内部变量则包括翻译能力、情感因素、译员性格等。

（一）翻译规范

规范（norm）一词是由图里引入翻译研究的，图里认为规范是个体在社会化过程中学到的，它总是意味着制约。规范如同规则和惯例，有一种社会调节作用。规范在各种类型的翻译以及翻译的各个阶段中都发挥着作用。但是，考虑到文学性翻译与非文学性翻译的区分，可以说，规范在文学性翻译中发挥的作用更为明显。不同的社会文化有着不同的规范，在一个社会中可能存在着几种不同的规范，比如同化（assimilation）和异化（alienation）。按照目的语文化中的意识形态、文体和习惯用法进行翻译即为同化翻译；与此相对的则是异化翻译。因此，我们翻译时需要充分考虑其上下文和社会文化背景。

（二）翻译要求

翻译要求是功能派理论中的一个重要概念。它指客户对翻译的详细要求，包括翻译目的、受众、时间、地点及使用场合。弗雷泽对翻译要求在翻译过程的作用进行了调查，发现翻译要求在很大程度上对译者的翻译起着决定作用。比如，如果客户要求译员必须在短时间内译完，对翻译质量没有什么要求，不难想象其译文质量与只强调质量而时间期限可以放宽时的区别。尽管翻译要求对译员来说很重要，许多翻译客户却很少理会。弗雷泽在英国对三百名自由职业翻译人员进行问卷调查并访问了许多翻译公司，发现客户很少向译员说明翻译要求。

（三）翻译方向

翻译方向一般指译者是从外语到母语，还是从母语到外语。汉森发现，受试者在有声思维实验中从母语译为外语时更容易作口头报告，译文修改更频繁。

（四）翻译能力

阿达巴在《培养翻译能力》一书中谈到"能力"（competence）一词时指出，该词难以定义，可以作为整体能力的概括语。他将翻译能力分为语言能力、文化知识、文本分析能力、主题知识、搜索研究能力和语言转化能力六种。其中，语言能力指对两种语言的掌握程度和运用能力；文化知识分别指讲源语与目的语的两个国家的政治、历史、经济和文化方面的知识；文本分析能力指了解某文体的各种特点；主题知识指对该学科或领域的了解；搜索研究能力指解决翻译中遇到问题的能力，知道到何处去检索信息；语言转化能力指使译文符合翻译任务要求的能力。

（五）情感因素

近年来，翻译过程中的情感因素引起很多过程实证研究者的注意。根据《朗文语言教学及应用语言学辞典》，情感因素包括态度、感情（如焦虑、骄傲、羞愧）、动机等；而智力、记忆、分析及评估能力则归入认知变量中。翻译过程中的情感因素通常是根据受试者在有声思维中的评价语（评价自己、翻译任务、原文、译文等）进行分析的，比如感叹、叹息、断言等。另外如果研究译员的动机，也可以通过受试者在回想式口头报告（retrospective report）中的评价语来分析。目前已研究过的情感因素包括职业自我形象、自信、时间压力、身心投入程度、态度等。

①职业自我形象。自我形象属于自我系统（self-system），自我系统还包括自我概念（self-concept）和自尊（self-worth）。自我形象可以分为总体形象和某方面的形象，是在与外界打交道的基础上逐渐形成的。当外界对自己持否定态度时，一个人在自我感觉和对别人的反应中会有修复自我形象的过程。然而，一个人的自我形象与真实自我之间是有差距的，认识不到这一点就会造成自欺，从而影响翻译过程。

②自信。有实验表明，译员的自信与翻译质量成正相关，而自信与专业经验和技能的高低相关。译员在做一些日常翻译时自信心更强一些，其表现为，他们对原文只需译前读一遍即开始翻译，而翻译一些平时很少接触到的文字时，他们要花费更长的时间。

③时间压力。詹森曾研究过时间压力对翻译的影响。她的受试者包括非专业译员、从业时间短的职业译员和翻译专家。受试者分别在 30 分钟、20 分钟和 10 分钟内翻译某些文字。詹森使用超越对数来分析数据，结果表明有时间压力时，译员启动速度快，遇到难题时会使用一些应付手段（特别是非专业译员）。时间压力常常成为受试者焦虑的一个主要原因，时间压力越大，人们精神越是高度紧张，焦虑的消极作用越是明显。不过，时间压力对容易焦虑和不太容易焦虑的受试者的影响不同。实验显示，在时间压力很大的情况下，容易焦虑的受试者表现很差，比那些不太容易焦虑的受试者花费时间长且犯错多。但当取消时间限制时，容易焦虑的受试者的表现与那些不太容易焦虑的受试者的表现没有什么明显区别。贝利认为，焦虑、自我形象和竞争力（超过别人或超过理想自我）三者可能同时发挥作用。

④身心投入程度。投入指"信息接收者认为该信息与自己相关的程度或对自己的重要程度"，其在翻译有声思维中的表现包括使用第一人称、自己的思维过程（我想）、含糊其词、过渡语（接下来）、强调词（真的）、例子或类比、对原文和译文进行评论，等等。同时，"身心过于投入则是一把双刃剑"。实验表明，如果译员对原文有很大的偏见，过于投入，他翻译时可

能会歪曲原文。翻译时应该在身心投入和超然间找到一个平衡点。心理学家对这一点是认同的，他们认为那些在某个问题上十分投入的受试者会更加积极地进行与信息和/或问题相关的思考，而投入对结果的影响则要看信息和/或问题（比如，问题偏激与否）。

⑤态度。态度指"在评论某人、物或事情时所表现出来的同意或不同意的心理倾向"。一般来说，"积极的态度会使人的行为倾向于支持某人、物或事情；而消极的态度则相反"。通过实验发现，译员的态度和自我形象在日常翻译工作中比在非日常翻译工作中更为积极。积极的态度好像与坚定的信念和保持高质量翻译的决心有关，而消极的态度则使人容易放弃，或对译文不满意却不进行改进。

（六）译员性格

性格研究"考察人的内在品质，这些内在品质使个体在行为方式上存在差异。就研究现象的范围来讲，它是心理学中最大的领域之一"。在翻译研究中，威尔斯提出要建立一个性格心理学模型，因为该模型可以让我们对译员行为进行现实客观的分析。根据此模型，我们可以弄懂为什么译员会这么做，而公众(特别是客户）可以知道翻译的复杂性和其中的风险。同时，他认为要建立这样一个模型很可能需要大规模实证研究。弗雷泽也认识到性格研究在翻译有声思维研究中的重要性，"受试者的口头报告如果没有辅以详细的性格说明（包括在告知需要做口头报告时的反应），试图将实验数据中分析出的具体翻译策略和解决方案进行量化则显得太难了"。

（七）其他

翻译过程研究中其他需要进行调查的变量包括年龄、性别和动力等。有学者曾识别出三种年龄相关的思维方式："年轻"型特点是大量收集数据、学习和自下而上加工（bottom-up processing）；"成熟"型特点是收集和组织数据，既有自下而上，也有自上而下加工（top-down processing）；"老年"型特点则是很少关心数据，自上而下加工。至于性别，男性译员可能比女性译员更倾向于冒险。另外，动力也是翻译中的一个重要问题。每千字 30 元与 300 元对翻译质量的影响，以及没有质量考核的翻译与翻译竞赛两者在质量上的差异也应该加以考察。

"翻译学作为一门科学，其基本任务是对翻译过程和这个过程中出现的一

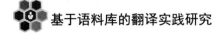

切问题进行客观的描写，以期揭示翻译中具有共性的、带规律性的东西，然后加以整理使之系统化，上升为能客观反映翻译本来面目的理论。"要研究复杂的翻译过程，就需要通过实证研究识别影响该过程的各种变量，解析其规律性并进行系统化分析。本节归类和分析了三对区分变量和翻译过程中的变量并对有声思维实验研究成果进行总结。对于这些变量的深入探讨，有助于研究者和译者更加客观真实地了解翻译过程，有的放矢地侧重某种或某几种变量，提高捕捉复杂多变的变量因素的能力，从而更好地了解和应对各个特定翻译过程中的变量因素。

第三章 语料库语言学理论

第一节 语料库语言学研究现状

本节回顾了语料库和语料库语言学的由来，分析了语料库的应用与研究现状，肯定了语料库语言学在语言描述、语言理论发展和语言学研究方法等方面的贡献。特别就语料库语言学研究在语料库标注技术、研究层次、与其他学科的交叉研究和语料库建库等方面出现了平台期这一现状做了阐述。

一、语料库语言学的由来

不同的语言研究专家对语料库的定义不尽相同。阿特金斯和克利尔认为，"语料库是按照明确的设计标准，为某一具体目的而建立的大型语言文本库"。辛克莱认为，"语料库就是根据明确的语言标准选择和排序的语言的汇集，以作为语言的样本"。雷努夫认为，"语料库是由大量收集的书面语或口语构成并由计算机存储和处理用于语言学研究的文本库"。麦克内里认为，"语料库是以机器可读的形式储存的，带有各种语言信息标注的书面或口头的样本节本集合"。

不论如何定义，有几个关键点是一致的，就是语料库必须是语言的电子文本集合、必须按照一定的标准采集、采集后的文本最好经过加工（比如，标注、赋码）、文本的量应该达到一定的规模、能够被计算机处理等。语料库研究就是研究者借助于各种计算机分析工具，以大量精心采集到的真实文本为研究素材，以经验主义为哲学基础，进行相关的语言现象观察、语言理论验证以及其他的实证性研究。

近些年，人们在语料库的建设和开发过程中，在观察和经验的基础上逐渐创造了一些新方法，提出了一些新规则，并且对这些方法和规则在理论上进行了一些探索和总结，逐渐形成了"语料库语言学"。因此，语料库语言学是一门基于大量真实的语言数据，以经验主义为哲学基础，以独到的理论体系结合计算机科学来研究语言的边缘学科。

二、语料库语言学的应用

（一）在语言教学方面

语料库语言学的重要应用领域之一就是语言教学，学习者可以利用检索工具对语料库进行词频、词块、句型、语态、搭配等的观察和统计，进行数据驱动式的学习。词频统计也能让我们准确确定高频词，检索出的词块、句型、语态、搭配等的情况，有助于教师更合理高效地开展词汇、语法、阅读、翻译等各种语言教学活动。学生们通过观察和实践，既能掌握词语的用法，也能了解语言变化的规律。这些检索结果（特别是词频统计的结果）也可以应用于语言教材的编写、教学大纲的设计，甚至词典的编纂等方面。

（二）在应用语言学方面

利用相关的计算机软件结合语料库可以进行词汇、句法、语义、口语、语言变异、二语习得、机器翻译、语用、话语分析等研究。此外，还可以利用语料库技术进行语音识别和语音合成等。

利用语料库进行词汇研究，主要包括词频、词块、词语搭配、类连接、语义韵、新词语的提取以及词典编纂等。结合语料库进行句法研究，主要是进行语法的定量分析和句型的频率统计。结合语料库进行语义研究，可以为词项赋义提供客观的标准，有助于建立语义模糊范畴的梯度概念。语料库与口语这方面的研究主要是建立口语词语提取的模型，目前集中在韵律层面的研究。语料库与语言变异的研究，是通过对比不同时期、不同地域、不同民族、不同性别的口语语料库来推断语言的变异和变化，从而进行语域变体、地域变体以及语言变化的研究。语料库与二语习得研究，主要是通过观察语料库中语言现象的分布和频率以及学习者语言应用和使用的失误，研究语言形式在语境中的意义和用法。语料库与机器翻译，利用过去已经翻译过的语料，采用模拟的方法来翻译句子。此外，利用语料库还可以进行语音识别和语音合成等研究。

（三）在社会语言学、文学、翻译学等方面

依据大规模真实语料库进行社会语言学现象、语言变异等调查，可以得出更加真实客观的数据和结论。通过建设文学作品或文学评论语料库，对其进行

标注和检索，分别对其中的人物形象、意象、情节、主题、作品风格等进行研究，可以为观点提供更为客观的数据支撑，开拓文学研究和语料库相结合的新型研究模式。在翻译学方面，利用建成的双语平行语料库，可以为翻译研究与实践提供实证材料，也能极大提高翻译的效率和准确性。

（四）在语言定量分析方面

利用大规模的真实语料，设计出要进行定量分析的知识点和所使用的各类题型，可以提高定量分析结果的信度和效度。

除以上几方面，语料库还可用于语法、多语言跨文化研究、法律（军事）语言学、文体学、意识形态和文化、作者的立场研究，甚至认知语言学研究等方面。它所带给我们的也绝不只是一种研究方法的革命，随着语料库技术的迅速发展，其应用范围也必将更为广泛。

三、语料库语言学的贡献

（一）对语言描述的贡献

语料库最早和最普遍的应用就是其在语言描述方面，比如上文提到的语料库在语言教学、词典编纂、应用语言学、社会语言学、文学、翻译学、定量分析等方面的运用，主要是语言描述层面。

以往进行的一些研究，比如对现代英语特征的分析，词汇的使用频率、语用特征及其在某段时间内的变化，男女使用某些词汇的多寡、偏好，口语与书面语的异同，不同地区使用英语情况的比较（特别是学习者与本族语者语言之间的差异），某些词汇空缺的成因，儿童词汇及句式习得的过程，甚至考察某些种族使用语法转换背后的动机等都是进行语言描述的具体研究事例。

可以说语料库语言学通过对大量客观翔实的语言数据进行系统分析为语言研究提供了全新的思路和方法，人们可以凭借语料库提供的语言证据来进行语言学研究。

（二）对语言理论发展的贡献

辛克莱认为只有用巨量的语料来驱动的研究才能揭示那些单凭语言直觉无法预测的语言现象和发现新的语言使用规律，更新现有的理论乃至构建新的语言理论模式。利奇也认为语料库语言学绝不是仅仅收集和描述语料，它包括三个层次：语言收集、语言描述和理论构建。韩礼德提出建立一套完善的口语语料转写系统以便更好地解决传统语言理论将词汇和语法分离的问题，因为口语语料是任何语言的原型语义单位始发和延伸的基础，这些语义单位已经高度语法化且灵活多变，所以加强大型口语语料库的研究能够带动语法研究的发展。

（三）对语言学研究方法的贡献

语料库语言学深受西方语言哲学中经验论的影响，经验论认为感性经验是知识的唯一源泉，主张一切知识都通过经验而获得。西方语言学界的经验论注重语言事实，强调直观的感性，也就是要对真实的语言材料进行采集、描述和实证研究，借助于真实语料是语料库语言学开展研究的基础。

语料库的各种处理工具，如语料转写、文本整理、词性附码、句法标注、检索和统计等，这些计算机程序的出现使得语料库语言学定性与定量相结合的方法成为可能。利用语料库工具的标注手段和检索功能，研究者可以很容易地检索出某些语言现象，内省出一些语言规律，进而对以往的理论假设进行验证，大大提高了证伪能力。

四、语料库语言学研究的平台期

（一）语料库标注技术发展缓慢

语料库语言学从 20 世纪 60 年代开始发展，起初人们只用语料库进行一些简单的分析，如词频统计等，后来又增加了词的语法属性的标注，即词性标注。但时至今日，语料标注仍没有实质性突破，实际有使用价值的标注还只能是词性标注。目前语料库已经发展到了基于浏览器检索的第四代，在标注和检索能力等方面也增强不少，但其基本功能仍与第三代相似。除词性标注外，对语料库其他层次的标注，如语音、句法、语义、语用和多模态语料库等的标注仍不成熟，因而要想利用语料库中的熟语料进行更深层次的研究就会遇到难以克服的障碍。

（二）语料库研究层次单一

语料库标注层次发展的缓慢制约着语料库研究方法的进一步发展。语言研究者利用语料库进行研究就是为了更深入地挖掘语言的结构与演化规律，而语料库中语音、句法、语义和语用等层次标注的不成熟、不完善，就会使得相关研究停滞不前。目前绝大多数的语料库研究主要停留在词汇、句法层次，对语义等方面的研究尚不够深入。

（三）与其他学科的交叉研究尚不成规模

结合语料库进行的社会语言学、文学和翻译学等方面的研究数量少、规模小、影响力也较弱。这可能与各个学科属性的表现形式不同有关，比如，文学更注重语言的内容，而语料库语言学多侧重语言的形式，用语料库研究文学就会有一定的难度。

（四）语料库建库方面的问题

语料库的标注和赋码系统缺乏统一性，没有统一的规范和标准，适用性较差。语料库工具软件（赋码工具、标注工具、文本分析工具等）开发滞后与语料库的迅猛发展不相协调。口笔语语料库发展不均衡，即书面语语料库和口语语料库发展不均衡，相对于丰富的书面语语料库，口语语料库的发展落后很多。大多数的语料库资源难以共享，重复建设造成了各种资源的巨大浪费。

（五）对语料库语言学理论的期待

语料库研究以量化描述见长，但若仅仅满足于量化描述，就只能成为其他学科研究的辅助工具，很难有长远的发展，也不能形成一门独立的学科。另外，虽然不少人主张语料库研究应结合现有的语言学理论来阐释量化数据，但结合语料库数据和现有语言学理论的成功案例也不多见。

目前，比较遗憾的仍然是语料库语言学研究主要还是应用性研究，尚未形成成熟的理论和理论体系，语料库对语言学理论几乎没有实质性的贡献，所以语料库语言学理论的发展很值得期待。

经过几十年的发展，语料库语言学的研究丰满了许多，在相关领域也已取得了广泛的应用，对语言的描述和对语言理论的发展也有了很大的贡献。但我们也应该看到，语料库语言学研究也出现了一个平台期，在语料标注、研究层面、交叉研究、语料库资源共享等方面逐渐显露了一些不足，更为关键的是语料库语言学要有自己的理论建树，人们对此也充满了期待。

第二节　生成语法与语料库语言学

随着 1957 年《句法结构》的出版，语言学研究进入了一个全新的时代，即乔姆斯基语言学革命。而语料库语言学自 20 世纪 50 年代以来受到了质疑与挑战。随后，由于计算机技术的快速发展，语料库语言学又逐渐走向复苏。本节旨在通过分析生成语法与语料库语言学在研究理念、研究范围和研究方法等层面的差异，及其存在的局限，阐述二者的对抗关系。同时，通过二者在人工智能领域的应用，剖析生成语法与语料库语言学的联结关系，从而挖掘其合作潜力。

20世纪50年代，随着乔姆斯基理论改变了语言学研究的实证方向，语料库语言学作为语言研究方法受到了普遍质疑。长久以来，生成语法和语料库语言学被称为两种截然不同、相互对立的研究范式。生成语法和语料库语言学的发展也伴随着双方的互相批判。本节首先通过分析生成语法和语料库语言学在研究范围、研究方法和研究程序上的差异，以及各自存在的优势和不足，阐述二者的对抗关系。同时，本节借助生成语法和语料库语言学在人工智能领域，尤其是自然语言处理层面的互补，揭示两者在一定程度上的联结关系，从而挖掘生成语法和语料库语言学的合作潜力。

一、生成语法与语料库语言学的对抗

生成语法和语料库语言学在研究范围、研究方法和研究程序上有较大的差异。

1957年乔姆斯基《句法结构》的出版标志着生成语法的诞生。生成语法采用数学模拟方式来进行语言研究，使用符号和公式来规定概念、表达规则，以严密的方法把语言机制形式化，以达到用有限的公式来生成无限的句子的目的。生成语法认为，语言学的目的就是要形式化地构造出语法的公理系统，用以精确地描写人的语言能力。生成语法的研究范围限于人的语言知识或语言能力，而不是语言的运用。在研究方法上，生成语法主要采用内省法，即语言学家木人作为资料提供人，将自己的语感作为判断语言现象歧义、正误、可接受性等的依据。在研究程序上，生成语法的研究一般包括九个步骤：定向、选题、发现、描写、解释、推广、论证、批评、反应。

语料库语言学是当代语言学与计算机科学交叉的一门新兴学科。它用计算机手段对巨量的语料库进行高速检索、统计和展示，以揭示真实语言使用的倾向性规律及其所传递的意义、功能乃至思想意识。有学者曾指出，语料库语言学无论对语言研究还是语言的应用研究都具有革命性的作用。语料库语言学研究自然语言的使用，在研究范围上一般涉及语言定量分析、词典编纂、自然语言理解等领域。在研究方法上，主要包括两个步骤：对自然语言进行加工、标注；对已经标注好的语料，采用数理统计的方法进行研究。在研究程序上，语料库语言学内部有两个不同的取向——"基于语料库"和"语料库驱动"，两者在语料库的性质、语料库建设以及语料库分析方面有较大差异。

生成语法和语料库语言学在研究理念上的本质差异造成了两者的对抗关系。乔姆斯基强调区分语言能力和语言应用两个概念。他认为，语言学研究的对象应当是人脑的语言能力而非语言应用。乔姆斯基指出，"任何自然语料都是偏颇的"，由于自然语料会受到各种因素的影响，因而以自然语料为研究对象对语言应用进行分析的语料库语言学无法揭示语言本质。然而，辛格莱认为，语料库的研究方法"能够系统地对大数量的文本语料进行审视，使我们有可能发现一些以前从未有机会发现的语言事实"。首先，生成语法具有高度的抽象性和复杂性。虽然乔姆斯基一再强调短语结构规则和转换的简单化，然而深层结构自身往往显得抽象和复杂。其次，生成语法只能揭示人类语言能力的某些比较狭窄的方面，无法进行语言的历时研究以及对创造性语言的研究（如诗歌）。最后，生成语法的研究语料存在先验论的特性。例如，在《句法结构》中，乔姆斯基分析了28个自造的例句，这样的语言数据脱离了语境，而语境恰恰在判断句子是否合乎语法或是否可接受上具有重要作用。

二、生成语法与语料库语言学的联结——人工智能

（一）人工智能的产生与发展

对人工智能（Artificial Intelligence，AI）的正式研究发轫于1956年的达特茅斯会议。在此次会议上，约翰·麦卡锡首次提出了"人工智能"这一概念。也是在这次会议上，模拟人的启发式搜索问题解决的计算机程序"逻辑理论家"证明了《数学原理》中的38条逻辑推理。这一事件被看作机器执行认知任务的第一个实例，因而1956年也被称为"AI诞生年"。

20世纪60年代，人工智能的研究活动越来越受到重视，研究者对求解、博弈、机器视觉、自然语言理解等领域进行了深入研究，人工智能进入高速发展时期。从20世纪80年代开始，经过几十年的发展，原先作为计算机科学领域分支的人工智能已成为跨领域的交叉学科，甚至成为人类科技历史发展上的本质奇点。

（二）生成语法与语料库语言学的联结

人工智能的核心在于"智能"和"自动化"，一般根据"智能"和"自动化"程度将人工智能的发展分为三个阶段，即机器学习、机器智能、机器意识。实现"智能"和"自动化"的关键技术主要包括自然语言处理（Natural Language Processing，NLP）、自动推理（Automated Reasoning）、机器学习（Machine

Learning）等。其中，NLP 涉及对语言的处理能力，是人工智能的高级表现形式。NLP 的实现离不开语言学，尤其是生成语法与语料库语言学。

1. 生成语法在 AI 领域的应用

在 1956 年达特茅斯会议召开的同时，乔姆斯基也在同年提出了"生成语法"，后发表在 1957 年出版的《句法结构》中。生成语法的要领是"某一语言的全部合乎语法的句子是从一组抽象的符号通过一套规则的操作而生成出来的"。当今大多数用计算机来模拟人类认知过程的系统都是基于这种"符号操作"模式，整个人脑被视为一部按程序操作符号的巨型计算机。可见，人工智能在发展初期就吸收了生成语法的观点。同时，传统 NLP 涉及一个重要的步骤，即句法分析。生成语法在这一层面发挥着无可替代的作用。对于如"今天晚上去吃火锅吧，不，去吃烧烤吧"这样的句子，机器本身无法意识到句子中自我纠正这一环节。那么，利用句法树便可以对句子成分之间的结构进行简化，帮助机器在识别和理解句子的过程中，对说话人的真正意图进行识别。

2. 语料库语言学在 AI 领域的应用

NLP 实现的前提是对机器的大量训练。通过对自然语言进行词语解析、信息抽取、时间因果、情绪判断等技术处理，最终达到让计算机"懂得"人类语言认知的目的。在 NLP 的底层数据层，语料库功不可没。例如，作为 NLP 基本步骤之一的分词就需要语料库技术的支持。

a. 她凭她的才能得到了这份工作。

b. 她这样的人才能够留下来，是我们的幸运。

在上述两个句子中，a 句中的"才能"明显是一个词，而 b 句中的"人才"和"能够"却应该分开。在训练分词模型的过程中，针对固定词表进行"一刀切"显然不可取。这时就需要大量的语料输入帮助模型达到更高的准确率。与之类似，现行的聊天机器人、机器翻译等基于 NLP 开发的人工智能，在建设初期都离不开语料库作为语义识别的基础。

总而言之，生成语法和语料库语言学在人工智能的发展过程中均发挥着重要作用。一方面，基于语料库训练的机器，学到的是使用频率最高的说法，因而生成的语言常常令人感到乏善可陈，丢失了人类语言的创造性。另一方面，纯粹依靠生成语法的人工智能，虽然能生成无限多的句子，却无法保证句子的正确性。由此可见，生成语法和语料库在人工智能领域，尤其是 NLP 技术层面，存在互补的作用。

本节通过分析生成语法和语料库语言学在研究范围、研究方法和研究思路上的差异，解释了生成语法和语料库语言学的对抗关系。同时，本节以生成语法和语料库语言学在人工智能领域，尤其是自然语言处理层面的互补关系，厘清了两者的联结关系。因而，生成语法和语料库语言学并非传统观点中单纯的对立关系，而是既对立又统一的复杂关系，共同寓于语言学研究中。

事实上，许多语料库语言学家积极投入语言理论的研究，而许多生成语法学家也十分关注作为理论研究基础的数据。双方在人工智能领域的联结或将预示着生成语法和语料库语言学将在更多领域碰撞出意想不到的火花。

第三节　语料库语言学的理论基础

尽管历史相对较短，现代语料库语言学也有其坚实的理论基础。研究表明，语料库语言学以经验主义为基础，采用自下而上的方法通过研究语言运用来发现语言规律和模式。

现在一提到语料库人们自然就会想到电子语料库，即用计算机加工处理的语料库。实际上，早在计算机出现之前，人们就已经开始用语料库研究语言。19 世纪末期语料库开始被用于编纂词典等领域，当时的检索工作都要靠人工完成。于 1928 年完成的《牛津英语词典》第一版所使用的语料库积累了四百多万条引证，这些语料来自两千多名由该词典读者所构成的志愿者。由于当时没有计算机，大部分按字母排序和检索等工作是由默里的子女和其他家庭成员来完成的。世界上第一个计算机语料库是于 20 世纪 60 年代建成的布朗语料库（Brown Corpus），这也标志着现代计算机语料库的诞生。该语料库收集了100 万词的书面美国英语，语料来自新闻报道、社论、政府文件、技术写作和小说等书面文体。与布朗语料库相对应的书面英国英语语料库——兰卡斯特－奥斯陆－伯根语料库（LOB）于 20 世纪 70 年代建成，并且也收集了 100 万词。而第一部 50 万词的英语口语语料库是 20 世纪 80 年代建成的 LLC 口语语料库（London-Lund Corpus of Spoken English）。20 世纪 80—90 年代起语料库发展进入了超级语料库时代，同时 20 世纪 90 年代还出现了现代动态的历时语料库。网络文本被用作语料库的语言信息来源开始于 1998 年，经过若干年的发展于2005 年正式出现了网络语料库，这预示着语料库当前与今后发展的趋势。

一、语言研究的对象是语言运用

在现代语料库语言学研究初期，这种研究方法受到诸多排斥。如以乔姆斯基为代表的生成语法学家在研究语言时区分语言能力（language competence）

和语言运用（language performance）。语言能力是人所具有的关于一种语言完整的内在的知识，而语言运用是语言能力的外在表现，是语言能力在某种情景中的具体使用，要受到语言能力之外的情景因素的影响。语言能力能够解释并代表人的语言知识；而在特定场合下受到短期记忆、身体状况以及其他情景因素的制约，语言运用往往不能很好地反映语言能力。因此语言学研究的对象应该是语言能力，而不是语言运用。根据乔姆斯基的观点，语法的根本目标是要能够解释语言中所有符合语法规则的句子，并且只能用来解释那些符合语法规则的句子。他认为语料库本质上是人外在话语的集合，是关于语言运用的数据，必然无法真实地反映语言能力。而乔姆斯基在其著作中阐述语法规则时分析的是少量自造的例句，当然，造这些句子能反映出一定的语言能力，但是如此少量的例句所能阐释的语言能力范围较窄。正如杨惠中指出的那样，科学理论的提出应该能够解释客观存在的事实，而不应用"事后想出来的事实"来证明自己提出的理论。与之相反，语料库语言学则大量收集客观存在的语料，从实际的语言运用出发研究和揭示语言的规律，如辛格莱所言，通过语料库"能够系统地对大量的文本语料进行审视，使我们有可能发现一些以前从来没有机会发现的语言事实"。

二、语言研究的路径是自下而上的

诸多的语言学研究采取自上而下的研究路径，也就是说先制定抽象的语言学理论，在预先设定的框架下选择与该框架相适应的例证，与它不适应的不予理睬，前面所提到的生成语法采用的就是这种自上而下的研究方法。语料库语言学主要使用自下而上的研究路径，探讨问题从自然语言语料入手，借助工具对原始语料进行量化处理，通过观察找出数据的总体特征，并进一步加以检验，从而达到揭示语言系统及其具体应用中重要的内在属性的目的。诚然，正如辛格莱所说的那样，完全依靠自上而下的方法提出的语言学理论难以与众多的语言事实相符；而完全通过自下而上的路径一时难以形成高度概括的语言学理论，因此应该把二者有机地结合起来。但总体而言，语料库语言学以自下而上的研究方法为基础，从语言的实际应用出发来探索语言的规律。

三、以经验主义为基础

实际上，在语言学研究领域中理性主义（rationalism）与经验主义（empiricism）之争一直存在。以乔姆斯基为代表的生成语法学派从理性主义的思想出发，在语言学研究中采取理性的演绎法，认为语言是心智的反映，人生来就具有语言能力，即头脑中拥有先天的语言习得机制，其表现形式为普遍语法。正是这种语言能力使人能够通过有限的普遍语法规则对无限的语言现象做出描写和解释，因此，乔姆斯基语言学研究的核心是语言能力。在他看来作为语言外在表现形式的语言运用，即自然语言的语料数量是无限的，因此语料永远是不完整的。生成语言学派反对以经验主义为基础的语料库语言学研究，认为从不完整的自然语料出发而归纳出的语言规则是有缺陷的，无法解释无限的自然语言资源。但是乔姆斯基这种通过内省的方式提出有关语言的假设并用自造的证据来证明的做法是否真正能够有效地解释社会交际中的真实语料仍存在争议，其实用自造的证据证明自己提出的有关语言规律的假设本身就缺乏可靠性，而这样得出的语言规律的解释力也必然大打折扣。与之相反，语料库语言学主张从经验出发通过归纳法来研究自然语言规律，认为语言是社会交际的产物，是客观经验的体现，具有外在性，因而可观察、可记录、可描写、可分析。经过对大量的、尽可能详尽的真实语料进行加工而得出的结论可以克服唯理论者可能出现的主观性和片面性，从而更加可靠。

语料库可以提供真实的自然语料资源，这不仅可以提高语言学研究的客观性和准确性，推动语言学研究的发展，而且为外语教学中的大纲制定、教材编写、教学活动设计、语言测试等方面提供了可靠的依据，有助于提高外语教学的效率。但是作为一门新兴的学科，语料库语言学还有待于进一步地完善和发展。

第四节　语料库语言学与外语教学

语料库语言学是 20 世纪 80 年代才崭露头角的一门交叉学科，它研究自然语言（natural language）文本的分类、采集、存储、加工、统计分析和应用，目的是凭借大规模语料库提供的客观翔实的语言证据来从事语言学研究和指导自然语言信息处理系统的开发和应用。语料库语言学的崛起和迅速发展令世人耳目一新。人们希望通过大规模真实语料的调查来获取自然语言的各种语言事实及语言规律，从多方面、多层次描写语言并验证各种语言理论和假设，甚至建立新的语言理论和语言观。许多国家相继建立了数以百计的各种语料库，规模也跃升到数亿词级，语料库建设正朝着扩大库容、国际化和多元化的方向发展。

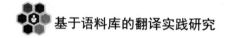

一、语料库语言学的应用

对语料库语言学方面的应用主要有以下三个方面。

（一）词汇研究

对词语语义、语用的研究一直是词汇学研究的一个主要方面，语料库中真实的语料能对单个词语的意义和语用功能做出更为客观的描述。这个研究成果对学习者深入全面了解词的意义和实际面貌很有帮助。

词语搭配研究越来越得到人们的重视。语言学家弗斯有一句名言："观其伴，而知其意。"因此，一个词的词义只能通过与之相伴出现的搭配才能加以辨识。从这一观点出发，无论是要识别一个词的不同词义，还是要学会这个词的用法，都必须普遍调查词语的搭配关系和用法模式。换句话说，词的含义与上下文有极其密切的关系，即词的含义服从于这样的一般规则：一个词用于一种新的语境时，就具有了新的含义。人们通过语料库可以在自然语境下观察词语的搭配行为，进而启迪词汇教学。

（二）词语语义韵律研究

词语的语义韵律是一个词语与语言中其他词语反复联系而获得的连续的意义氛围，它通常表达某种态度意义。语料库是研究语言意义的有力工具。从一个语料库中检索节点词，检索上下文或临近若干个词而组成的并置结构，并将出现这些节点词或并置结构的句子进行比较分析，揭示了用常规方法很难发现或很难确定的语义特征——语义韵律。

（三）词典编纂

词典编纂者用语料库来编纂词典是语料库运用的又一个方面。计算机语料库与词典学的关系和对词典学的贡献，在国内外辞书出版界可谓人人皆知。语料库中大量的自然语言例证使词的定义更加完整、精确。电子语料库给出了关于某一词或词语的所有用法举例，使词典的编纂与修改速度空前加快。词或词语在真实语料中的前后搭配更清楚地显示出该词或词语的语义特征、使用频率和语用特点，这使词典的编纂更趋科学化。

二、语料库语言学在外语教学中的应用

利用语料库对英语语言做多方面研究进一步揭示语言规律，有助于英语的教和学。对教师课堂用语的研究可以提高教师对自己使用英语的认识和敏感性；

对学习者中介语的研究可以帮助教师认识外语学习的规律，采取科学合理的教学方法。语料库在外语教学中的应用可以帮助教师转变教学思想、改进教学方法，具有重要意义。

（一）语言教学

语料库语言学的研究成果在语言教学中的运用是多方面的。参考语料库语言学对英语语言的描述，人们可以更科学地制定和修订教学大纲，更合理地编写教材，更准确地制定教学词表。1994 年 9 月开始实行的"大学英语教学大纲通用词汇表（1—4 级）"就是参考交大科技英语语料库（JDEST）科技英语词汇表和其他词汇表进行定量分析制定的。语料库用于课堂教学有助于改进教学方法。一个重要的例子是基于语料库索引的数据驱动学习。这种新的教学模式鼓励学生自己积极主动地从真实语料中去观察语言现象，发现语言规律。

（二）教师语言和中介语的研究

基于语料库对英语教师话语的研究成果有助于教师对其教学用语的认识并提高其应用教学用语的敏感意识，为英语教育和教学改革提供实证性参考依据。何安平调查和分析了英语课堂教学语料库中教师话语的部分语言特征，探讨了国内高中、初中和小学英语课教师话语中的认知思维导向特点及其教育教学功能。利用语料库对学生中介语的研究有利于教师在教学过程中采取更合理的教学方法，提高教学质量。

（三）写作教学和翻译教学

利用语料库研究写作教学可以通过分析学生作文中出现的错误，或是通过与本族语学习者语料库比较来了解母语写作能力对英语写作能力的影响，为写作教学提供建议和参考依据，也可以利用语料库改进写作的评估模式。娄宝翠利用中国学习者英语语料库中的大学英语学习者作文子语料库研究中国学生的造词现象，提出了外语教师对造词现象应采取的态度以及在教学中应采取的相应措施。

（四）口语的研究

利用口语语料库对学生口语的研究，包括对小品词的研究、韵律特征的研究、学生交际策略的研究、某些句式在口语中的语用功能的研究等。对口语多方面的研究能更好地指导教师的口语教学，培养和提高学生的口语能力。何莲珍等利用大学英语四、六级考试口语考试（CET-SET）语料库研究非英语专业大学生在大学英语口语考试中使用交际策略的情况。研究发现，口语水平对交际策略的观念和使用影响显著。这一研究结果对培养学生的交际能力具有启示作用。

（五）利用语料库检索研究修辞和文学

语料库可以为研究修辞和文学提供数据支持，将定性与定量研究方法相结合，使研究更科学可信。周江林等使用英国国家语料库检索"high"和"low"两个词，研究英语的空间隐语。从语义的角度，通过分析共现于同一语境中有关词项的语义特点，可以开辟一个新途径来理解英语的修辞手段及其效果。语料库在文学领域的研究往往通过对文学作品文本总体特征的描述来分析文学文本、作家的写作技巧、语言风格等。

（六）对英语在不同语域的研究

通过对不同语域语料库的调查研究，可以了解在不同语域中英语使用的一些特点。余千华等以科技英语语料库中统计的模糊限制语使用频率作为参照标准，研究中外重要英语科技期刊上的论文中模糊限制语的使用情况，分析说明了中外科技工作者在用英语写作科技论文时使用模糊限制语习惯上的一些异同点，为中国科技工作者用英语写科技论文时提供借鉴。

（七）语料库建设

语料库语言学的发展离不开语料库的建设，而语料库的建设依赖于语言处理技术。国内许多学者依据自己的研究需要提出了自建语料库的设想。王克非具体介绍了新型双语对应语料库的设计和构建。徐箐等介绍了一个对汉语语料进行切分标注加工的系统。

三、语料库语言学的应用前景

对于语料库语言学的发展前景，近年来语料库语言学家多有论及。如斯瓦特维克预测"计算机将运行更快，体积更小，价格更低；语料库将规模更大，质量更好，利用率更高"。麦克内里则认为，语料库语言学的发展将主要受语料库规模、类型、国际关注和计算机发展等四方面力量的左右。基于语料库语言学的研究现状，语料库语言学未来的发展方向将主要体现在以下三个方面。

（一）基础语料库的发展

鉴于大型语料库语料标注工作的滞后，有人认为今后一段时间还应发展小型专用语料库，例如肖特为研究言语和思维的表达所建立的语体研究语料库。

此外，口语语料库的发展应加大力度，以克服目前书面语语料库和口语语料库发展的失衡，促进口语研究的发展。威尔逊预测在不久的将来会有更多的语料存储媒体问世。

（二）语料标注的发展

语料库标注是对语言进行多维度、多层面分析的基础，而此种分析结果的受益者不仅限于原标注者，因而语料库的有效利用在很大程度上有赖于语料库标注的层次和质量。

（三）语料处理工具的发展

语料库分析有赖于计算机环境的支持，即从语料库中检索数据并对语料进行加工的软件工具。充分利用统计学方法，建立科学有效的语料处理工具可以增加语言学研究人员的工作效率。目前软件工具尽管已有了一定数量，但多数工具都是针对某一个特定的语料库，其适用范围有限，缺乏通用性。

语料库是一个由大量在真实情况下使用的语言信息集成的、可供计算机检索的、专门作研究使用的巨型资料库。它以其容量大、语料真实、检索快捷准确等独特的优势在现代语言学研究和语言教育中正发挥着越来越重要的作用。语料库语言学不仅仅是研究方法论的一个重要突破，它更孕育着对语言描述框架乃至语言观念的不断更新。

第五节　对比语言学与语料库

当前人类社会已进入全球化发展的新时期，世界各国经济文化往来愈发频繁。作为外来语种，英语无论是语音、语调、语法还是文化背景，与汉语都不尽相同。新时期人们在进行语言学研究时愈发重视语料库的运用。分析汉英平行语料库，准确把握语料库的内涵，以便将其完美地契合在对比语言学中，从而推动对比语言学迈向新的台阶。

一、对比语言学

对比语言学作为现代语言学的一个分支，主要是为人们解决双语教学中的问题，帮助人们解决翻译难题，对比不同语言中的区别，以便人们能切实掌握语言中的要点。当前人们多用对比语言学对中英文进行共时对比，描绘二者语言中的异同，着重分析它们之间的差别，以便最大程度地发挥其价值，推动对比语言学迈向新的发展阶段。人们多是对两种语言就语法、词汇、语用及语义等多个方面进行针对性分析。随着时代的发展，全球化步伐的加快，世界各国经济文化往来愈发频繁，各国学者愈发重视对比语言学的研究，以期突破语言的界限，实现零距离翻译，以便更好地促进文化的交流与传播。对比语言学是从美国与欧洲发展而来的舶来品，20世纪初便引起语言学者的重视。早在1926年布拉格学派语言学家马塞修斯就发表了一篇对比分析英语与捷克语的文章；中国早在19世纪便开始翻译外来著作，严复的《英文汉话》是国内最早进行中英对比的研究成果。新中国成立后，中国积极与世界各国建立友好关系，各国交流愈发频繁。英文是世界上使用最广泛的语言，被人们视为官方话语，当前多个国家都将英语视为教学科目。中西文化背景不同，其语言深层含义也不尽相同，分析中英文的差异，以便在日后教学或研究中有所侧重。就对比语言学而言，既可以将其分为理论对比语言学和应用对比语言学，又可以从一般和具体两个方面对其进行把控。当前人们多应用对比语言学，借助理论对比语言学的研究成果对英语教学、双语词典编纂及翻译进行优化，有效减少了人们英语学习和运用的难度，最大限度地实现对比语言学的价值，推动语言学研究工作顺利进行。

二、对比语言学中语料库的应用

随着时代的发展，以及互联网技术和通信技术的完善，语料库也得到了较大的完善。作为时代发展的产物，当前语料库被广泛运用于对比语言学中，以期能简化双语学习，让民众切实把握双语或多语的差异，切实掌握知识要点。当前多数工作者在进行中英文翻译时需要借助语料库，以便准确便捷地进行中英文互译。例如，对中英文化古迹或非物质文化遗产进行翻译时，如果只是站在自己文化的角度进行翻译，有时甚至会使译文面目全非。中国古诗积淀了无数先人的智慧，记录着国家的发展历程，拥有悠久的历史文化内涵和别样的韵律，以往人们多将诗与歌联系在一起，句子优美精练。如李清照曾写"人比黄花瘦"，仅用一个"瘦"字去表达离愁别绪。在进行古诗汉英互译时不仅要呈现古诗的形式，还要将其背后隐藏的深层意义表达出来，以期让外国读者在诵读时感受到诗人的所思、所想、所念，产生情感上的共鸣、心灵上的碰撞。但真正实现形神共译，谈何容易。中英文化背景不同，人们对事物的理解也不尽相同，如李白在《静夜思》中借月光表达思乡之情，让读者感受到诗句中传达的离愁别绪，但对国外民众而言月光是纯洁的象征，且在英语中月光也有其他深层含义。如果译者只是对古诗进行逐字翻译，势必会引发歧义。运用语料库将英汉语句与词汇中不同的地方进行科学罗列，人们在使用时直接输入原文便可以呈现最佳的释义，便于读者理解。当前多数人将语料库运用到对比语言学中，该语料库能够清晰地呈现本国语言与外来语言的不同，同时还能对使用者进行测试，准确把握其知识链条上的漏洞，将知识点分类呈现出来，便于学者利用语料库完善自己的知识框架，以便更好地推动英汉互译教学，培养专业英汉互译人才。

第四章　语料库翻译的基本理论

第一节　基于语料库的英语翻译教学

英语翻译教学是英语教学中的重要内容，是学生学好英语知识的主要环节。然而，受到传统教育弊端的影响，英语翻译教学质量不高。语料库教学模式的生成，是对传统教育的一种补充。将语料库运用到英语翻译教学中，对改变教师单一授课模式、激发学生学习兴趣具有促进意义。

语料库是随着信息技术的发展而生成的新型教学模式。针对当前英语翻译教学现状，将语料库运用到英语翻译教学中，不仅能带动学生的学习积极性，使课堂教学主体发生变化，更能促进学生学好英语翻译知识，进而提升学生的英语翻译能力。因此，在英语翻译教学中，教师应有效运用语料库，以学生为教学主体，以问题为导向，发散学生思维，让学生通过观察语料，与他人形成合作关系，知晓问题形成的背景，进而解决语料问题。可见，将语料库运用到英语翻译教学中，既是英语课程改革的需要，也是学生学习英语知识的需要。

一、语料库的英语翻译教学概述

（一）语料库概述

语料库是一个文档的集合，通过先进的互联网技术，以"因学而学"的学习方式，提升学习者的自主学习能力。将语料库运用到英语翻译教学中，充分体现出学生的创造性、自主性，不仅能提升学生的英语翻译能力，还能培养学生的英语专业文化素养，进而促进文化的传播。语料库是对传统英语翻译教学的一种补充，打破了传统教育的局限性，丰富了英语翻译教学内容，进而促进学生更好地学习英语翻译课程。

（二）语料库的英语翻译教学模式

在英语翻译教学中运用语料库，需要借助其他学科知识的辅助，如计算机技术。在实际教学中，教师运用语料库，引导学生进行语料观察，学生通过与教师、同学交流，进而在语料教学中收获知识与成长。将语料库运用到英语翻译教学中，提倡以学生为教学主体，教师发挥引导作用，让学生主动观察语料、主动发现语料、主动讨论语料，学生根据自身学习特点，合理地运用英语知识表达自身想法，分层次、分阶段地提升学生英语翻译能力，进而促进学生的全面发展。

（三）语料库教学与传统教育的比较

首先，相比较传统翻译教学模式，语料库英语翻译教学模式，借助真实的物体，对学生进行有效的刺激，激发学生的学习动力，进而增强学生主动翻译的意识。其次，语料库教学的生成，打破了传统教育模式。语料库将所描写的英语因素融入翻译教学中，通过让学生观察语料，对语料进行全面了解，进而加深学生对英语翻译知识的理解。最后，传统的英语课堂教学，只是单一的听说读写教学内容，而语料库教学，能引导学生将类似课文进行比较，增强学生对英语知识的理解，进而采取有效的方法进行英语文本翻译。

二、语料库的英语翻译教学策略

（一）构建语料库

要想将语料库运用到英语翻译教学中，首先需要构建科学、有效的语料库，进而促进语料库在英语翻译教学中的运用。语料的选择需要考虑英语翻译教学的可行性、实用性。为了提升学生的英语翻译能力，在构建语料库中可分为三个库：其一，英语翻译真题库；其二，英语翻译模拟题库；其三，英语翻译练习题库。同时教师将英语翻译知识整合，并将英语翻译知识归纳到语料库中，为学生提供英语翻译学习平台，使学生借助互联网平台，随时随地运用语料库，进而提升学生的英语翻译水平。

（二）语料库在英语翻译教学中的运用

将语料库运用到英语翻译教学中，是对传统教育的一种补充，有助于培养学生的翻译能力。对此，本书以英语翻译教学为研究对象，构建语料英语翻译教学模式，进而促进语料库在英语翻译教学中的合理运用。

　　首先，课前教学。在课堂教学之前，教师应做好备课准备工作，明确教学目标，并根据学生的实际情况，为学生设置语料库教学模式，让学生通过语料库对英语翻译知识有所掌握，之后根据学生对英语翻译知识的掌握情况，设置英语课堂教学活动。

　　其次，学生方面。在课堂教学之前，学生应根据教师的指引，在语料库中学习相关知识内容，翻译相关的英语文本，之后将翻译文件进行保存，上传到互联网平台中。教师观看学生翻译文件后，给予学生针对性的评价，使学生完成课前准备工作。之后教师在众多翻译文件中，选取典型案例，调整教学活动，进而为课堂教学的开展做好准备工作。

　　再次，课堂教学。在英语翻译课堂教学中，教师为学生展示语料库，让学生观看语料库，加强学生对翻译知识的掌握。之后教师为学生展示典型的翻译资源，将学生分成小组合作模式，引导学生发现问题，让学生在小组合作中进行思维的碰撞，对英语翻译知识生成新的想法。

　　最后，课后教学。小组成员翻译完英语文本之后，各个小组派一名代表阐述小组讨论成果与翻译成果，教师在一旁认真听取，等学生阐述完小组想法之后，教师给予针对性的建议，引导学生进行教学反思。

　　综上所述，语料库是通过先进的互联网技术，以"因学而学"的学习方式，提升学习者的自主学习能力。因此，在英语翻译教学中，教师应该合理地运用语料库，根据学生的发展需要，结合英语翻译内容，构建英语翻译语料库，培养学生运用语料库的意识，进而提升英语翻译教学质量。

第二节　基于语料库的语块提取

　　语块是语言的半成品，大量存在于语言表达之中。因具有词汇与语法的双重特征，又承载着特定的语用功能，语块可作为一个整体存储在心理词库中，使用时无须语法分析便可直接提取。相关研究表明，语块在二语的产出过程中起着十分重要的作用，语块的掌握有利于言语产出的流利性和选词的地道性。有学者把语块能力看成是二语综合能力的一个重要指标。加强语块领域的多角度研究已经成为近年来英语词汇相关研究的一大热点，其中之一便是对基于语料库的语块提取的探讨。

一、语块的界定

　　20 世纪 80 年代以来，学界开始较为集中地探讨词汇化结构单位，提出了诸如词块（chunk）、词汇短语（lexical phrase）、词束（lexical bundle）、词丛（cluster）、语块/套语（formulaic sequence/formulaic speech）等不同的语块相关概念。由于研究视角不同，语块的界定也不尽相同。语法学方法视角下，语块是词汇与句法之间的多词词汇现象，具有特定的句法功能，如社交互动、必要话题和话语手段。多词的预制语块将词汇逐渐语法化，使得语块成为具有句法功能、能够充当句子成分的多词组合。语料库语言学方法视角下，语块是在实际语言运用中出现频率比较高的词汇组合，因此对语块的研究可以从出现频率高的大于单个单词的多词组合着手，根据语料库的设立对实际语言运用中的语块进行深入分析。心理语言学方法视角下，语块能够在记忆过程中对大于单个单词的多词组合进行整体存储和运用。语块的每次存储和运用，多以固定的形式进行。人类在进行信息处理时，能够保持语言整体的结构，具有"模块性"的特征，避免只提取运用单个词汇，使得词汇与语篇出现抽离现象。有研究指出，由于语块的多样性特点且语块与非语块之间界限模糊，"目前几乎不可能下一个全面的定义"。相对而言，语块定义"一个连续不断的由词或其他元素构成的语串序列，这个语串序列在语言使用者大脑中是整存整取的，在使用时无须进行语法生成和语法分析"具有较高的认可度。笔者认为，语块是语言运用中出现频率高、具有一定句法功能和可以整体存取的多词组合。

二、基于语料库的语块提取相关介绍

目前语块提取的方式主要包括人工识别和机器自动识别两种。以往学者主要采用人工识别的方法来对语块进行提取，靠人工统计词组搭配和词频。这种方法的缺点是语块提取速度慢，主观性较强，若需要提取的语块数量太多，则不能保证提取过程中的准确性。因此，学者们开始探索机器自动识别的提取方法，以避免人工识别时的速度慢和带有主观性等不足。机器自动识别技术的提升和语块提取工具的不断改进，使语块提取的效率和准确性得到大幅提高。但机器自动识别也存在一些不足，如一些语块若未经过正确处理，可能出现机器识别不出或识别出的数据不准确等情况。

（一）基于语料库的语块提取方法

为了准确有效地提取语块，语料库专家提出了不少的方法和算法，影响较大的包括频数阈值法、关联度测量法、熵手段和概率均值加权法。

比伯等一批学者提出采取频数阈值法来提取语块。具体做法为，研究者以限定词语序列呈现的最低绝对频数来辨识短语单位。此方法的优点为技术上容易实现；不足之处是，由于易受高频词（如 a、the、to）的影响，多词单位的识别率与提取的准确率不高。

丘奇和汉克斯倡导的关联度测量法通过应用点互信息，测量出两词之间相互关联的程度，即测量两词之间的搭配力如何，以此实现计算机自动提取频数高的词语搭配。该方法能够测量出单词之间相互的吸引力，即内部黏着力，但由于受到序列长度的影响，无法准确测量出多词搭配的内部黏着力。

从信息论中导入而来的传统熵手段突破了两词长度的限制，使得熵手段能够提取多词序列的内部关联度。但词语序列的熵值会由于序列长度的增加而呈现递增趋势，熵的绝对数值在衡量多词序列的内部黏着力时出现偏差，导致提取出的短语单位准确率较低。

针对上述方法中存在的以两词搭配计算为主，对词语序列的内部黏着重视不足等缺点，国内学者李晶洁和卫乃兴提出了概率均值加权法。该方法主要将语料库中的多词序列分化出不同的离散点，求出对应的内部黏着力值及其出现的概率；以概率为权数，将内部黏着力值相应进行加权平均，再求出所有值的总和。其具体实施步骤为：第一步，选择合适的语料库和统计模型；第二步，通过统计模型，将多词序列转变为假拟二元序列，以便测量和对比分析；第三步，将传统的熵信息手段调整为采用阈值和局部最大值相结合的方法来提取更加准确的短语单位。概率均值加权法的优点在于，研究者将多词序列细分出多个离散点，找出合适的离散点来测量多词序列的内部黏着力，能够避免不同长度的多词序列带来的数据影响，提高提取结果的精确度。但由于此方法研究时间尚短，仍存在些许不足之处，如该方法在提取过程中尚不能将所有影响测量的词语序列都筛选出去；对于不同类型语料库文本的提取、非连续短语单位的测量以及其他领域的涉及是否能够得到应用，仍有待进一步研究。

（二）基于语料库的语块提取应用领域

基于语料库的语块提取在当前的语言教学和研究中得到了广泛的应用。

①探讨语言形式与意义的共选机制。李晶洁和胡文杰通过提取语料库中的长度在 2—6 词之间的短语序列，描述和概括学术英语文本中的共选机制。该研究指出：词语搭配是短语序列的典型形式，共选是学术作者选择语言形式来实现经验、立场和组织意义的核心机制。

②研究短语序列的语篇行为。在处理短语序列的语篇行为时，可以选取权威的语料库作为研究的数据库，使用新的 MI 值计算方法，利用计算机自动识别提取语料库中的短语序列，并人工核对提取出来的数据，然后对提取出的高

频短语序列进行分类，分析出词语序列的学术语篇行为特征。李晶洁和卫乃兴以语料库为语料来源，考察了陈述观点或事实、报道和篇章指示这三类凸显语篇行为。研究表明，短语序列是学术文本语篇行为的典型实现方式，常常被用于实施具体的语篇组织功能，成为具体功能的标志。

③探讨语块加工与学习者英语水平之间的关联。许莹莹和王同顺采用心理语言学实验研究范式考察了语块频率、语块结构类型和学习者英语水平三种条件对语块加工的影响。研究结果显示，短语类语块和非短语类语块的加工都存在频率效应，语块识别的速度和效率与语言水平有关。

④翻译中的语块识别与应用。李晶洁和赵晓临依据平行文本中存在的词语序列式翻译对等现象提出了"对应词语序列"的概念。对应词语序列的应用可以帮助更好地实现平行语料文本句子和段落级的自动对齐。对应词语序列在对比短语学方面也有很好的应用价值。口译方面，语块认知理论语对译员培养具有重要意义。语块的整体存取能力关乎译语表达的充分、完整和流畅度，直接影响译语产出的效果。王建华的研究指出，语块认知训练对学生同传的流畅性有显著的促进作用。

⑤应用于词典编纂领域。语料库最直接的贡献就是其在词典编纂上的应用。基于语料库的目的语词汇知识几乎能够包含词语在目的语中的各种使用情况，如从语料库中获取词语的使用频度、功能及分布、搭配词及频率、句法框架及频率、词语知识及词语关系分析等。因此在词语释义、排列顺序、例证来源和语块使用等方面优势明显。也有学者把基于语料库的语块提取技术运用于外向型学习词典的编纂。

语块在语言信息处理中是作为整体存储和运用的多词词汇组合，具有心理上的现实性、结构上的完整性和语义上的一致性。人们对语块的认识是伴随着语块识别技术的提升和语块提取工具的改进而不断深化的。语块提取的实现帮助研究者深入分析其在频率、结构、功能、语义等方面的不同特征。如今，语块及其有效提取在语言教学和研究中的应用价值日益彰显。其研究和应用涵盖了语言形式与意义的共选机制，处理短语序列的语篇行为、语块加工与语言学习，翻译中的语块识别与应用以及词典编纂等多个领域。

同时，我们也应看到，尽管语块的研究取得了长足的进步，但还远未达到完备的地步，与之有关的研究还将继续推进。可以预见，语块提取的工具和方法将在语料库技术的推动下不断推陈出新，从而深化人们对语块这个复杂体的认识。

第三节　基于语料库的词汇

从目前的词汇研究来看，语料库对词汇研究有着重要的影响。在词汇研究中，不能忽略语料库的作用，应做到在语料库中进行必要的词汇分析，能够提高词汇研究质量。按照目前的词汇研究实际，在语料库中可以对词汇的使用频率进行统计。同时可以对词汇的功能分布原则进行把握。基于语料库的特点，立足于语料库还能够获取词汇搭配知识，进而获取词语使用框架，最后，在语料库中可以分析词语搭配关系和形成关系，掌握词语的使用特点，为词语研究提供良好的帮助和支持。因此，我们应当加强对语料库的了解，通过语料库积极做好词汇研究。

一、在语料库中可以对词汇的使用频率进行统计分析

（一）通过对词语使用频率进行分析，掌握常用词特点

在语料库中，每一个词汇的使用频率都有着一定的规律性，通过对语料库中词汇使用频率的分析，能够掌握词汇的使用频率和使用特点，最终找出哪些词汇属于常用词，并对常用词的使用特点进行有效的分析。基于这一优势，立足语料库可以掌握常用词的使用频率和使用状态，达到提高词汇研究质量和满足词汇研究需要的目的。从这一点来看，在语料库中可以对词语的使用频率进行有效的分析，通过掌握词语的使用频率和使用特点，掌握常用词的特点，为常用词的研究提供良好的数据基础。

（二）通过对词语使用频率进行分析，对词语进行分类

从语料库中的词语使用频率来看，有些词语的使用频率较高，并且词语的使用环境有一定的特点，通过对语料库中词语的使用频率进行分析，可以找出常用词语的使用特点以及常用词语的使用频率。通过对常用词语的使用环境进行分析，可以对词语进行有效的分类，这对常用词语的研究具有重要作用。与此同时，基于常用词的研究特点，在对常用词研究的过程中，应当认识到常用词的重要性，通过在语料库中对常用词的使用频率进行有效分析，掌握常用词的使用特点。由此可见，我们应对语料库的作用给予足够的重视，并在语料库中对词语的使用频率进行有效的分析，同时，对词语进行合理分类，做到根据常用词的特点以及常用词的使用领域，对常用词进行按类别划分，掌握常用词的使用方法，为常用词的使用提供良好的理论支撑。

二、在语料库中可以把握词汇的功能分布原则

（一）掌握词语的常用性原则

在语料库中我们可以对词语的使用规律进行分析，同时还能掌握词语的使用特点，对词语的常用性和使用情况做出一定的判断。通过对词语特点的分析，我们可以逐步掌握词语的常用性原则，并且对词语的功能分布有全新的认识，这是基于语料库而做出的判断，对于词汇的研究具有重要作用。在语料库中可以把握词汇的功能分布原则，有效地掌握词汇的常用选择，对常用性词汇进行合理的分类，并对常用词的功能做出有效的判断，掌握常用词汇的特点，对常用词汇的使用范围、使用特点以及使用规律进行有效的分析。

（二）掌握词语的通用性原则

词汇作为语句中最基本的单元，在使用过程中具有一定的通用性特点，同一词语不但在不同的语境都可以使用，同时其所代表的含义也是相对固定的。在语料库中可以对词汇的功能分布原则有较为全面的掌握，其中应重点掌握词语的通用性原则，通过对词语通用性的分析，加深对词汇通用性的了解，使词语的研究能够在通用性上面取得有效的进展。基于这一特征，我们应当掌握词语的通用性原则，并且对词语的通用性属性有较为正确的认识，根据词语的通用性特征合理选择词语的使用范围，保证词语在使用过程中能够达到表述目标。

（三）掌握词语的适用性原则

在语料库中对词语进行研究不但要掌握词语的常用选择和通用性原则，同时也应当对词语的适用性原则有正确的认识。所谓词语的适用性主要是指词语在使用过程中具有一定的特殊含义，在特殊的短语和特殊的语境中有着一定的含义，如果不能掌握词语的适用性原则，那么在词语使用过程中将无法达到预期的表述目的，进而影响词语的表述效果。因此，在语料库中应当把握词汇的功能分布原则，重点掌握词语的适用性原则，加强对词语特点的了解以及对词语使用环境的了解，做到根据词语的使用特点合理地选择词语的使用范围。从这一点来看，掌握词语的适用性原则对词语研究具有重要意义，同时也是利用语料库积极进行词汇研究的重要手段，为此我们应在语料库中有效地掌握词语的适用性原则，保证词语研究能够取得积极效果。

三、在语料库中可以获取词汇搭配知识

（一）掌握词语的搭配特点

在词语研究过程中，词语之间的搭配十分重要，有些词语相互之间可以搭配成短语，形成固定的含义，有些词语不能够搭配或者搭配起来所表述的含义比较特殊。从这一点来看，在词语研究中应当根据语料库中的词语获得词汇的搭配知识，并加强对词语搭配特点的了解，找出词语搭配的规律，为词语研究以及词语使用提供良好的支持和保障。从目前掌握的信息来看，词语之间的搭配具有一定的特殊性，词语的搭配也有一定的规律，掌握词语的搭配规律和搭配特点，对提高词组的组合效果以及在正确的环境下有效地应用词组具有重要作用。我们应当掌握词语的搭配特点，并对词语的搭配进行深入的研究。因此，在语料库中有效地获取词汇搭配知识，是提高词汇研究质量的关键。

（二）掌握词语的使用特性

从词语的使用过程来看，每一个词语在使用过程中都有自身的特点，并且词语在搭配过程中也有一定的搭配特性。通过对语料库中词汇搭配知识的分析，我们能够掌握词语的使用特性和使用特点，做到根据词语的特性采用不同的词汇，提高词汇的使用质量。基于语料库的特点，以及语料库对词汇研究的重要作用，在语料库中我们应当有效地获取词汇搭配知识，并且将掌握词语的使用特性作为主要的研究目标，加强对词语使用特性的了解，掌握词语的使用规律，保证词语使用的准确性。从这一点来看，我们应当加强对语料库作用的了解，做到合理地运用语料库中的词汇知识，掌握词汇词语的使用特性，满足词汇研究的实际需要。

（三）掌握词语的搭配原则

词语在使用过程中相互之间的搭配是十分必要的，在有些短语中词语的搭配具有一定的原则，如果不能掌握词语的搭配原则，那么词语在搭配过程中会引起歧义，并且无法按照预期的目标进行表达。因此，我们应当加强对词汇搭配知识的了解，掌握词语的搭配原则，做到根据词语表述的实际需要合理地进行词语搭配。同时还应当掌握词语的搭配特点，做到根据词语的表述需要进行合理的词语搭配，使词语搭配能够满足准确性原则，因此我们应当掌握词语的

搭配原则，做到根据表述的实际需要进行词语搭配，满足词语搭配的实际需要，通过具体的搭配方式和搭配措施，形成词语的有效搭配。在这一点上，语料库发挥了积极的作用，由于语料库中的词语数量较多，可以为词汇的研究提供良好的支持和保证。

四、在语料库中可以获取词语使用框架

（一）分析词语使用过程中的注意事项

在语料库中，人们不但对词语进行了合理的分类，同时也对词语的使用框架进行了明确的规定。通过对语料库中词语知识的分析，我们能够掌握词语在使用过程中的注意事项，做到掌握词语的使用特点，根据词语的使用环境和使用实际进行有效的词语使用，保证词语在使用过程中能够在准确性和有效性方面达到预期目标，同时提高词语使用的整体效果，保证词语的使用能够满足准确性要求。从这一点来看，利用语料库的特点在语料库中获取词语使用框架知识，对分析词语使用过程中的注意事项，掌握正确的词语使用方法具有重要作用。同时，这一措施也是提高词语使用质量的有效手段，对提高词语研究质量具有重要意义。因此我们应当在语料库中有效地获取词语使用框架知识，并将其运用到词语使用注意事项的分析过程中。

（二）分析词语的使用框架特点

从语料库中的相关知识来看，我们可以知道词汇在使用过程中具有一定的特点。要想保证词汇在正确的语境下合理使用，就应当掌握词语的使用框架特点，对词语的使用框架有正确的认识，做到根据词语的使用框架合理地规划词语使用方式，使词语在使用过程中能够满足表述的实际需要，做到根据实际的表达要求选择有针对性的词语进行组合，最终达到提高语言表述效果的目的。从这一点来看，利用语料库的优势合理地分析词语的使用框架特点，对提高词语的使用准确性和满足词语表达的需要具有重要意义。基于这一特点，我们应当有效分析词语的使用框架特点，并做到根据词语的使用框架合理地选择词语的适用范围，做到提高词语的使用准确性和有效性，满足词语的使用需要。

（三）词语使用框架对词语的影响

从目前掌握的知识来看，在词语使用过程中，词语的使用框架对词语有着一定的影响，其中词语使用框架不但框定了词语的适用范围，同时还对词语的使用语境进行了有效的规定，词语只有在使用框架内进行有效的应用，才能够

提高词语的使用准确性，保证词语能够满足表达要求。从这一点来看，我们应当对词语的使用框架有正确的认识，根据词语的使用框架判断使用框架对词语的具体影响，根据使用框架的特点和规定，提高词语使用的准确性，保证词语在使用过程中能够达到预期目标，提高词语使用的准确性和适应性。

五、在语料库中可以分析词语的搭配关系和形成关系

（一）词语搭配的特点

在词语使用过程中，词语之间的搭配有着一定的规律，只有掌握词语搭配的规律和规范才能够保证词语正常搭配，并且在使用过程中满足实际需要。为了加强词语的研究效果，应当做好词语搭配规律的分析，应当借助于语料库的优势，加强词语的分析。通过在语料库中对词语搭配特点的分析，能够掌握词语在使用中的搭配特点，总结词语的使用规律，为词语的研究提供良好的支持。因此我们应当对语料库的作用给予足够的重视，做到根据语料库的实际作用，有效做好语言词语使用特点的分析，掌握词语搭配的规律，为词语的正确搭配和词语的正确使用提供良好的帮助。

（二）词语搭配的具体方式

通过对语料库中的词语进行了解后发现，词语搭配的方式有许多种，掌握词语搭配的方式以及了解词语的搭配特点，对提高词语的使用效果具有重要意义。从这一点来看，我们应对词语的搭配特点有较为深入的了解，并且总结词语的搭配方式，根据词语的使用需要和使用实际情况，合理地选择词语搭配方式，保证词语搭配之后能够在表述有效性和表述准确性上都能够达到预期目标，提高词语搭配的整体质量，使词语在搭配之后能够具有新的意义。我们应当对词语的搭配方式有正确的认识，根据实际需要做好词语搭配工作，提高词语搭配的准确性和有效性。

（三）词语的搭配和形成关系

在语料库中对词语进行分析时，不但要掌握词语的搭配特点，还要对词语的搭配关系进行深入的分析。通过对词语使用特点的了解，我们能够掌握词语的使用特征和搭配规律，做到根据词语的搭配规律判断词语的使用注意事项，根据词语的实际搭配情况，找出特殊词组的形成过程和形成规律，为词语研究提供良好的方法支持。从这一点来看，我们应当对词语搭配进行深入的分析，总结词语搭配的特点，确保词语搭配能够具有完善正确的意义。

通过本节的分析可知，在语料库中对词语进行研究的过程中，我们不但要对语料库的作用有正确的认识，同时还应当根据语料库的特点以及词语研究的实际需要选择有针对性的研究方法，提高语料库的基础作用，使语料库能够在词语研究过程中发挥积极的推动和促进作用，保证词语研究取得实效。

第四节 基于语料库的机器翻译

在计算机科学突飞猛进的今天，机器翻译吸引了大批科学家的关注和研究，其理论方法也呈现出多样性，而语料库的发展给机器翻译注入了新的活力，基于此的机器翻译便一跃成为主流。通过对机器翻译的理论支撑和发展历史做综合概述，然后运用机器翻译工具——谷歌翻译进行实例对比研究，其结果显示了机器翻译相对于人工翻译的不足之处，但也展现了光明的发展前景。

在计算机还未普及之前，人们的视野、获取信息的渠道都是有限的，获得信息的广度和深度都受到束缚。各个民族、种族、国度或者地区的人们说着各自的语言，难以交流，这限制了信息的及时传播。计算机的飞速发展，让世界成了一个小小的地球村。信息传播的速度和数量呈现几何级数增长，这就需要精准而快速的翻译。但是，传统的人工翻译的方式已经不能满足信息化社会的需求。因为传统的人工翻译往往意味着昂贵的劳务费，以及时间的耗费，尤其是目标信息涉及较多专业性知识的时候，比如心理学、哲学、政治学等，翻译所要耗费的时间更长。

为了满足及时翻译的需要，机器翻译应运而生。翻译软件的开发和应用，化解了信息传播过程中的语言障碍。人们足不出户，坐在电脑前，动动鼠标，点点图标，就可以将源语言翻译为目标语。

一、机器翻译

机器翻译，又被称为计算机翻译或自动翻译，是一门多学科融合的综合学科。这些学科包括语言学、数学和电脑科学。机器翻译也是自然语言处理研究的一个分支。1947 年，美国著名的科学家韦弗首先提出了用电子计算机将不同的语言进行转换翻译的可能性，并在 1949 年正式提出了机器翻译的观点。从那以后，机器翻译给世界带来了意想不到的巨大变化。在众多学者的研究和贡献之下，机器翻译领域也取得了跨时代的发展。

（一）机器翻译方法

以翻译策略所反映的哲学背景为分类准则，人们常把机器翻译方法划分为理性主义方法和经验主义方法两大类。理性主义方法一般指基于规则的方法；经验主义方法一般指基于语料库的方法。

1. 基于规则的机器翻译

在生活中应用非常广泛的是使用规则制定的机器翻译系统，不同的系统有很多的共同点：第一，每个翻译系统都拥有一个表达语言学的符号系统；第二，翻译系统在特定的规则下完成翻译内容。换言之，单词对单词的对等翻译、直接的转化翻译以及运用中间语的翻译都可以纳入基于规则的翻译方法中来。

虽然基于规则的机器翻译发展迅猛，但其翻译的质量不太令人满意，其可懂性及效度也很不充分。随着对机器翻译的深入研究，现存的基于规则的翻译方式中有很多问题凸显出来，如翻译质量低、人力耗费高、语法规则僵硬等。单单只依赖语法规则和语法结构的翻译是远远满足不了当代社会的需要的。于是，另一种主流的机器翻译理论便逐渐抓取了专家学者的眼球，这便是经验主义方法，即基于语料库的方法。

2. 基于语料库的机器翻译

基于语料库的机器翻译就是利用数据库中的语言信息来创造新的翻译。基于语料库的机器翻译虽然在机器翻译的早期就已经有所萌芽，但其真正地开始抓取公众的眼球还是始于 20 世纪 90 年代。它包括两种方式：一种是统计机器翻译方法，另一种是实例机器翻译方法。根据卡尔所言，所有的基于语料库的机器翻译都会运用一系列的所谓的"指称翻译"（包括源文本和其翻译）来做翻译。这其中源文本和目标文本是平行的，通过分析这样的平行结构，从语料库中分离出对等的翻译。有学者认为基于语料库的翻译为僵化、复杂的基于规则的翻译在分析和产出阶段提供了另一种选择。

（二）基于统计的机器翻译

数据统计可以为机器翻译提供大量的素材，也是目前非限定领域机器翻译中使用广泛的方法之一。此方法主要是利用大量的平行语料库提取大量素材后对其进行统计分析、建立模型，并利用模型进行新材料的翻译。利用语料库进行素材统计的优势是能够为语言的生成建构合理的统计模型。模型建好后，还需对模型里的参数进行定义。早期的统计模型主要是采用噪声信道模型，近年来，将区分性训练方法融入机器翻译越来越常见。

除了上述机器翻译模型外，使用实例进行机器翻译也是十分常见的翻译方法。该方法由日本翻译专家长尾提出，其核心原理如下：将实例放入实例库，并对实例进行标注，主要标注为两个字段，其中一个字段保留源语言句子，另一个字段保留目的语句子；当要进行翻译时，机器会将输入的句子与实例库的源语言进行对比，找出最相似的句子，从而匹配出最佳的目的语翻译，并进行输出。

与传统的基于规则的机器翻译相比较，基于语料库的机器翻译有着其独特的优势。为了更直接地呈现其优越性，本节将选取一段文本，用谷歌在线翻译系统进行翻译，然后将源文本与目标文本进行对比，分析其翻译状况。

二、例证

（一）谷歌翻译简介

谷歌翻译是一项由美国谷歌公司提供的翻译文段和网页的服务，其采用的翻译方法就是基于统计的机器翻译。谷歌的机器翻译方法主要是基于 2003 年弗朗兹·约瑟夫·奥驰在美国国防部高级研究项目局（DARPA）的机器速度翻译比赛时获奖的研究成果。奥驰指出，若想要开发一个可用于翻译一对全新语言的统计机器翻译系统，必须做好以下的数据基础搜集工作：一个拥有百万词汇量的双语文本语料库和属于这两种语言的单语语料库，各自得拥有十亿数量级以上的单词。

谷歌翻译有其非常强大的语言学数据，这些数据内容主要来源于联合国文档。一般来讲，联合国的文档都会有至少六种联合国官方语言的译本。因此，谷歌的翻译语料库数据是非常可靠及海量的，相当于拥有了经人工翻译了两三百万单词并由不同语言构成的语料库。

（二）源文本

源文本选自热门美剧《摩登家庭》剧本中第一季第七集最后结尾处旁白的一段总结性的话语。

Jay：We tell our kids it doesn't matter if you win or lose，but let's be honest，winning feels pretty great. There's nothing like that golden moment in the sun. I think every parent probably wants that for their child. So，sometimes，we push too hard. And that leads to a lot of resentment and guilt. So，how much is too much? Here's where I come out. Guilt fades. Hardware is forever.

（三）谷歌翻译文库

我们将源文本粘贴至谷歌翻译页面处，点击翻译，生成了译本。

"我们告诉我们的孩子，无论你输赢都没关系，但说实话，胜利感觉非常棒。在阳光下没有像那个黄金时刻。我想每个父母都可能想要他们的孩子。所以，有时候，我们太过努力。这导致了很多怨恨和内疚。那么，多少钱太多了？这是我出来的地方。内疚消退。硬件是永恒的。"

（四）分析

源文本属于比较口语化的内容，因此整体的翻译难度不太高。译文的第一句，整体上翻译得比较出色，没有出现句法的问题。译文的第二句则出现了比较明显的句法错误。"in the sun"应该是介词短语作后置定语修饰"golden moment"，而译文则将"in the sun"当成了整个句子的地点状语，并且在词汇"golden"的翻译上，谷歌比较直接地翻译为了"黄金"，而更为雅致的翻译则为"辉煌的"或者"光辉的"。第三句的翻译，谷歌则出现了漏翻的现象：that 没有在译文中体现出来。第四句同样出现了词义理解的差异，push 在文本情境中的意思应该为"把……逼太紧"，而不是努力的意思。第五句句子较短，句法简单，因此谷歌翻译未出现错误。而第六句中谷歌翻译则将"how much"粗暴地翻译成了"多少钱"，而忽略了语境，此处"how much"应理解为"多少"的意思。倒数第三句的翻译中，"come out"此短语也被直接翻译为了"出来"，实际上为"得出结论"的意思。最后两句的翻译内容没有问题，但翻译得比较生硬，读起来很不符合中文的习惯，因此在人工翻译中通常会结合语境，将词句翻译为"内疚会消退，但是硬件才是永恒的"。

通过实例的分析，我们可以总结出基于语料库的机器翻译的最大优势就是其翻译内容的准确性和易理解性。其在处理歧义句上表现出了强大的能力，更别提基于数据库的常识的丰富性。

当然，我们也不可否认，机器翻译与人脑翻译相比还存在着巨大的差距，谷歌翻译的上述文本也显示出其在句式结构处理上还有所欠缺，亟待完善。

机器翻译的历史曲折而坎坷，机器翻译依据的理论和方式也纷繁复杂。基于数据库的机器翻译方式在多年的实证中体现出了自身价值，博得了商业公司的青睐。但机器翻译毕竟是随着计算机的发展才发展起来的一门科学，其后续的发展和完善还需要依赖于科技的进步和软件的设计开发。

第五节　语料库翻译的研究现状及未来走向

自 1993 年起，贝克发表语料库翻译学开山之作《语料库语言学与翻译研究：启示和应用》，到目前才 20 多年的时间。从发展历程来看，这是一个较为短暂的过程，而最近的一段时间，语言翻译学随着语料库语言学和描写翻译理论的发展和融合迅速成长起来。我国关于这方面研究的开山鼻祖为杨惠中，他同样在 1993 年发表了《语料库语言学与机器翻译》，从此这个研究方向开始受到国内学界的重视。

一、语料库翻译的研究现状

语料库翻译呈现出两个方向，即宏观研究方向与微观研究方向。宏观研究侧重两个方面，一是理论研究，二是研究综述。它是一种追本溯源的研究，探讨语料库语言学与翻译研究相结合的原因。微观研究是翻译共性研究、翻译文体研究与翻译教学研究这三个部分的内容，虽然它涉及各种主题，但是它主要研究的是翻译的具体现象。

（一）语料库翻译的宏观研究现状

1. 语料库翻译的理论探讨

在语料库翻译的理论探讨中，众多的学者借评介别人的著作表达自己的观点，如罗选民、董娜等人 2005 年在《外语与外语教学》上发表的《语料库与翻译研究——兼评 Maeve Olohan 的〈翻译研究语料库入门〉》，该文介绍了语料库与语言研究及其翻译的现状。随后的刘敬国等人也发表了相关文章，评论了《语料库翻译研究：理论、发现和应用》一书，介绍了语料库翻译研究的理论贡献、语料库翻译研究的优势等。张莹在 2012 年的《中国翻译》上发表了《一部中国语料库翻译学的教科书——评胡开宝〈语料库翻译学概论〉》。

在关于语料库翻译的理论探讨中，还涉及方法论的探讨，其中较为著名的有周小玲、王克非和范祥涛。周小玲探讨了语料库翻译研究方法的理论基础，所能够应用的范围、具体的操作过程，以及这种方法本身的优势和局限性；王克非阐述了语料库翻译研究应有的三大应用和理论研究的课题；范祥涛从语料库翻译与翻译规律的角度进行探究，阐明了这种翻译方法建构所带来的启示以及缺失。

2. 语料库翻译理论的研究综述

目前，语料库的翻译理论研究涵盖了四个方面的内容：发展历程研究、功能应用研究、微观展示研究和领域研究。发展历程研究的主要学者是王克非与黄立波，二人总结了到 2008 年为止 15 年的发展历程，从翻译的共性、问题到过程与应用研究（含翻译教学），并且根据研究的概况与进展指出了今后的三大趋势；功能应用研究的主要学者是肖忠华和戴光荣，二人从应用翻译研究、描写翻译研究以及理论翻译研究三个方面指出了语料库在翻译研究之中有 4 个层面的应用，即翻译教学、翻译辅助手段、翻译批评以及视听翻译；微观展示研究的主要学者是胡开宝，他基于语料库的翻译语言特征、译者风格、翻译规律等微观研究领域来阐述研究现状；而杨梅和白楠所进行的是领域研究，他们基于对 1993 年到 2009 年国内所发表的相关论文的研究，发现国内语料库翻译研究已经涉及翻译共性、翻译方法、语言研究、翻译规范、翻译批评、译者研究、文体研究、口译和意识形态等多个领域。

（二）语料库翻译的微观研究现状

1. 翻译共性研究

胡显耀认为语料库翻译研究中取得"最突出成就"的就是翻译共性研究。据笔者不完全统计，进行这方面研究的学者有 12 人以上。翻译共性研究体现的是翻译产品的共有特点，简而言之就是译者在翻译过程中心智活动的外在表现，内容包含众多，如显化、隐化、简化等 9 种翻译共性现象。

我国语料库翻译的共性研究相比西方而言，淡化了文化的不同，而比较注重文本（翻译文本与原创文本）的对比，探索其中各种不同的现象。如胡显耀所关注的是翻译汉语与原创汉语之间词汇的使用特征；武光军等人主要研究原生英语与汉译英英语之间的特征；戴光荣、肖忠华主要是将汉语母语语料库与汉语译文语料库进行对比，探讨它们之间的不同特征；朱晓敏则将自建语料库与政治文本英译语料库进行对比，发现其不同特征；高博与陈建生通过语言学检索软件，将《诗经》的英译本与英语原创诗歌进行对比，来发现其不同的特征。总之翻译共性研究进行得极为成功，以对比分析作为主要方法，以翻译共性的显化研究最多。翻译共性的研究，从汉语的视角出发，以英语为参照，对于英译汉来说有很好的借鉴作用，也有利于翻译研究工作者更加全面地了解翻译的本质。

2. 文体研究

翻译文体研究与翻译共性研究不同，它与传统的翻译最为接近，主要是采用对比的方法（单向对比、双向对比和多向对比），以双语的平行语料库为基础，将源语放在最为隐秘的位置，一般通过多个译本的对比，来解释译本的语言特征和问题特征，以及译者翻译处理的心理发生机制。刘泽权建立了《红楼梦》平行语料库，并分析了 3 种英译习语、叙事标记语等；董娜则建立了林语堂语料库，双向探讨林语堂文体杂糅的文体风格；黄立波以两版英译《骆驼祥子》为例，从人称代词、主语转换和叙事角度等多个方面探讨译入和译出翻译文本特征；霍跃红以《荷塘月色》的中译本、英译本和中西合译本 3 种版本作为语料来对比分析，阐述其文体特征。刘翼斌则建立了《哈姆雷特》平行语库，对梁实秋和朱生豪两个版本进行了比较，阐述了英语意合的特质，从共同的人性角度分析了其中的必然动因。

3. 翻译教学研究

语料库在翻译教学中的作用得到了学界的一致认可，到目前为止，学者们全面探讨了语料库对翻译教学的启示，认为其符合教学规律，适合翻译教学。罗选民提出了以学生为主的基于双语平行语料库的数据驱动方法；刘泽权则认为语料库因其丰富、真实、可靠的特点，能够用来服务翻译教学；杨晓军根据外国的经验并结合本国实际，探讨了利用语料库翻译教学以及今后要研究的翻译教学方法。

二、语料库翻译的未来走向

语料库翻译基于数据披上了科学的外衣，因而备受关注，但同时也引起了越来越多的质疑，因为它在研究的过程中存在着本体论困境和方法论困境。所谓的本体论困境，就是因为语料库翻译是基于翻译共性的研究，其主要的证据来源于语料库，因而会导致实证主义、追求客观，而忽视了直觉解读；方法论困境是指语料库自诞生之日起就强调"科学性"，因而重视量化手段，不可借语料库来故弄玄虚，但是对于翻译研究来说，统计与数据的本身不是目的，目的在于如何诠释统计的结果，因而陷入了方法论困境。

（一）语料库翻译研究的本体论走向

奥罗汉认为语料库翻译并非语言学的理论，不是一个可以套用的模式，因而研究语言必须结合语料库数据与其他语言特征来探讨；而有学者则认为翻译共性是静态的、绝对的，并且只是一个描述性、概率性的概念，国内的学者也注意到了这样的一种现象。语料库翻译共性研究不是要寻找一个放之四海而皆准的普遍规律，而是要揭示这样的一种现象、规律和趋向，因为翻译共性研究不是在封闭的环境中产生的，并不能排除个人创造的可能，它是在一个丰富、复杂、充满差别与矛盾的动态世界中产生的。我们应该去探讨语料库翻译背后的认知、伦理、社会、文化和意识形态等，结合文本与外部因素进行考察。

（二）语料库翻译研究的方法论走向

目前已经有越来越多的学者提倡语内语际相结合的语料库翻译研究方法，如切斯特曼区分了源语共性和目的语共性，前者指翻译文本与源语文本的共性差异，后者指翻译文本与目的语文本的共性差异；其中还有尼尔森研究英语文章的瑞典语译文中助词加关系代词的现象时，结合了平行语料库的方法。国内的学者也注意到了这个现象，如胡开宝选取语内对比角度的显化研究，认为以翻译文本为依据来论证显化趋势的存在，研究结论往往不太可靠。在 2009 年与 2012 年全国语料库翻译学研讨会的议题中，我们发现语料库翻译学研究的主题更加多元、更加丰富，但是也不乏传统议题的存在。对于翻译共性的研究，目前国内学者的论点主要有两个方面：首先，认为翻译共性研究的对象过于狭隘，因此应该发现现象，并侧重对现象的解释；其次，翻译共性特征研究主要以目标语为英语的翻译文本为主，这就要结合现象的发生是否受到了目标语的社会、历史、政治、文化和文化类型等因素的影响，要对这些问题进一步探讨。

第五章　语料库翻译的相关研究

第一节　英汉方言语料库的翻译

近几十年来，随着计算机技术的发展，英语语料库的研究和创建取得了巨大的突破，已经成为一个跨世纪、跨学科的新兴学科。迄今为止，国内外高校或研究机构所创建的英汉方言专用语料库仍较为罕见。就目前学界对这一问题的研究现状来看，该课题的研究方兴未艾，所以我们拟以翻译理论为依据，以大量日常聊天对话语料与大量英汉方言语料为翻译基础，针对英汉方言语料库进行研究。

随着经济的发展与国力的增强，我国人民与世界各国人民的交流日益增多，但语言是交流中的一大阻碍。在我国辽阔的疆土上，不同的地域都有其具有地域特色的方言，这增大了地域交流的难度。目前在对外和对内的交流中，方言成了最大的问题，也产生了相应的商机。因此，我们拟对英汉方言语料库进行翻译研究，目标是利用科技与自身资源，对英汉方言的翻译做出改革与创新。

一、英汉方言翻译研究的特点

近 30 年来国内外方言翻译研究成果的数量大幅增加，方言翻译已经成为一个重要的研究主题。当前国内外方言翻译研究大致呈现如下特点：①多维研究视角。因为方言本身的跨学科性，国外翻译研究已经涉及社会学、社会语言学、文化理论、语篇分析等多个角度。②对比研究方法为主。截至目前，方言翻译仍以描述理论框架内的对比研究为主，常见的是双译本、多译本研究，少数研究中使用了语料库研究方法、定性与定量法。③多成分多层面研究。方言翻译研究涉及地域方言、社会方言，以及二者的交叉重叠，并将语言的微观成分和宏观背景结合起来,进行多层面分析。④多体裁研究。方言多出现在话语对白中,因此影视、戏剧和小说成为方言翻译研究的主要文体。

二、英汉方言语料库翻译研究拟解决的关键问题或技术

基于英汉方言语料库的翻译研究,将会开辟英汉方言翻译研究的新方向,但此项目也有一些拟解决的关键问题。首先,语料库的首要任务是解决语料库的收录对象和收录文本内容方面的问题。因英汉方言翻译语料库的内容范围庞大,所以需分为若干个小范畴进行录入,但当今理论界对如何划分范畴才为合理及每个范畴内的文本材料如何才能具有代表性都未达成一致,所以如何确立收录对象和如何合理分类问题都等待着我们进一步解决。其次,英汉方言分支较多,所以需要收录的语料库内容和规模庞大,然而过于庞大的语料库规模会在使用语料库进行检索翻译时出现难以快速分析的情况。最后,语料库给人提供的大多是缺乏真实语境的电脑统计分析结果,英汉方言的翻译离不开大量真实的语境,如果英汉方言语料库提供不了大量的真实语境材料作为支撑,将会影响英汉方言的翻译结果的准确性。

三、英汉方言语料库翻译研究对学科理论的指导意义

翻译学科以语料库为基础,以真实的双语语料或翻译语料为研究对象,依据语言学、文学和文化理论及翻译学理论,分析翻译本质、翻译过程和翻译现象。英汉方言语料库将为语料库语言学研究提供庞大的数据源。作为一门新兴的学科,语料库语言学以其独特的视角及可靠的方法和工作对语言学研究做出的贡献将从根本上改变我们对语言的态度和认知。语料库作为一种教学资源对翻译教学有着极大的促进作用,可以利用其来获得丰富的教学资源,进一步提升学生的翻译技巧,发挥学生的主体性,提高学生数据驱动式学习能力;帮助教师制定更加科学完善的教学大纲和编写适合使用的教材;增加教学信息的输入量,提高教学效率。

四、英汉方言语料库翻译研究展望

在国内外方言翻译研究中,方言已不再被视为简单的语言现象,其也承载了某些社会文化内涵。方言是否可译已不再是争论焦点,而如何转换,转换的特点,以及转换中的影响因素、目标文本的地位等成为研究者关注的核心。总体来看,国内外方言翻译研究体现出四大趋势:第一,研究越来越精细,可以深

入到非常微观的层面，如惯用片语、视觉方言等，使方言转换更具理论依据。第二，方言翻译研究与多种研究方向相结合，如史学研究、作者译者研究、翻译语言研究等，这使得方言翻译研究涵盖的内容愈趋广泛。第三，由于方言翻译研究的深化，语体翻译研究也在不断丰富。除了地域方言和社会方言，与此相关的其他类型的非标准语，如个人方言、口语语体、少数民族语言等也开始被关注。第四，研究方法注重跨学科领域的交叉。语言学、翻译学、社会语言学、符号学、社会学等研究方法，逐渐融入方言翻译研究中。方言翻译被视作源语和译语社会、文化、政治等多重因素作用的产物。使用其他学科领域的理论视角来分析方言转换，这会使得方言翻译研究的跨学科性更加凸显。

我们亦要看到，方言语料库翻译研究在诸多方面还有待进一步发展。一是当前研究多以描述理论框架内的对比研究为主，研究方法仍有待进一步完善；二是方言翻译研究的理论架构并不清晰，尚需多种方言翻译实例的描述和阐释，从而在理论上有新的建树。方言翻译研究的高潮才刚刚开始，丰富其研究手段和方法，引入其他领域的研究视角，无疑将有助于人们对这一复杂语言现象有更深层次的解读。

第二节　语料库翻译学与翻译认知研究

自20世纪90年代以来，语料库翻译学获得了快速发展，一大批双语平行语料库或翻译语料库先后建成并应用于翻译语言特征、翻译规范、译者风格和翻译教学等领域的研究。近年来，一些学者开始探讨如何利用语料库开展翻译认知研究，探讨语料库翻译过程的属性与规律。学界对此普遍表示质疑，认为语料库翻译学是产品导向的研究，翻译认知研究是过程导向的研究，二者本质上不存在交集。因而，采用语料库方法开展翻译过程和翻译认知研究理论上是行不通的。然而，语料库翻译学与翻译认知研究之间真的是风马牛不相及的吗？二者之间是矛盾的关系，还是相得益彰、互为补充的关系？二者之间是否存在共性？二者是否能够最终融合？针对这些问题，本节在分析语料库翻译学和翻译认知研究的主要研究领域的基础上，探讨了二者之间的共性、相互关系及相互融合的可能性。

一、语料库翻译学与翻译认知研究的共性

（一）语料库翻译学的主要研究领域

语料库翻译学是指以真实双语语料或翻译语料的语料库分析为基础，定量分析和定性研究相结合，力图阐明翻译的本质、过程、属性及规律的翻译学研究领域。克鲁格指出语料库翻译学旨在通过理论构建和假设、各种数据、全新的描写范畴和灵活方法的并用，揭示翻译的普遍性特征和具体特征。语料库翻译学既可应用于演绎性和归纳性研究，也可应用于产品导向和过程导向的研究。

语料库翻译学的主要研究领域涵盖翻译语言特征、译者风格、翻译规范、翻译过程和翻译教学等领域。

翻译语言特征研究涉及翻译共性研究和具体语言对翻译特征的研究。翻译共性是指翻译文本所具有的相对于源语语言或目标原创语言从整体上表现出来的普遍规律性特征。这些特征是翻译文本所特有的，且不受具体语言对差异的影响。具体语言对的翻译特征是指具体翻译文本在词汇、句法和语篇层面所呈现的特征，它体现了源语和目的语的差异，反映了译者所做的选择和妥协。

译者风格研究探讨翻译过程中译者在目的语词汇和句式结构选择、语篇布局、翻译策略和方法应用等方面所表现出来的个性化特征。一般而言，译者风格受制于源语和目的语语言文化之间的差异、译者所处的历史语境和社会文化规范、译者的语言风格及其对翻译文本读者的关注。

翻译规范研究分析在某一历史时期影响译者行为的不同翻译规范或制约因素，揭示翻译与社会文化语境之间的关系。翻译规范是指关于翻译作品和翻译过程正确性的规范，体现了具体某一社会或历史时期关于翻译的价值观和行为原则，制约着译者的具体翻译活动。

翻译过程研究以大量语料的数据统计与分析为基础，分析翻译过程的认知属性与具体特征。

翻译教学研究侧重于探讨语料库在翻译质量评估、翻译教材开发和翻译教学模式构建中的应用原则和具体方法。

（二）翻译认知研究的主要研究领域

翻译认知研究是指从认知角度对翻译过程进行解释，试图建立具有心理现实性的翻译模式，并以此揭示翻译的心理机制和思维规律的研究。研究者可以考察词汇层面的源语理解、记忆、编码和译语输出，也可以探索单句层面甚至语篇层面的从信息接收到信息加工再到译语产出过程中的阶段性心理机制和认

知规律，并在此基础上构建基于翻译内在过程的宏观认知心理模型。

翻译认知研究的研究领域包括翻译认知过程研究、译者心理活动研究、译者的审美心理因素研究和民族文化心理因素对译者影响的研究。

翻译认知过程研究主要涉及翻译过程中译者的心理活动和心理结构、译者进行双语转换时的认知心理过程和翻译认知加工规律。该领域研究的具体课题有翻译单位、译者长时记忆、译者的语言知识和非语言知识的存储与表征、翻译理解和表达的认知机制、翻译认知加工系统、译者双语心理词汇的组织和提取模式以及翻译思维等。

译者心理活动研究是指译者在翻译过程中各阶段的心理活动研究，包括译者心理图式的产生以及心理图式如何激发译者的想象。

译者的审美心理因素研究，包括情感、共鸣、直觉、想象、联想、审美定式等，以及这些情感因素的表现形式，如创译、雅译、译者风格等。

民族文化心理因素对译者影响的研究包括译者在特定历史语境下从事具体翻译活动的动机，以及该动机对其翻译行为和翻译效果的影响。

（三）语料库翻译学与翻译认知研究的共性

分析语料库翻译学和翻译认知研究的相关领域，不难看出二者之间并非许多学者所主张的那样不存在任何交集，相反却存在诸多共性。

首先，语料库翻译学和翻译认知研究均为实证性研究方法。实证性研究是指研究者凭借对众多研究事实或研究语料进行观察或考察的方法，或通过实验研究的方法，在分析凭借以上方法应用所得到的有关数据或事实的基础上，总结、归纳事物的本质与发展趋势。实证性研究强调研究应在事实或数据的观察与统计或在实验方法应用的基础上，就某一现象或事实提出理论假设，或者对现有理论假设进行证实或证伪。语料库翻译学采用语料库方法，在分析大量双语语料或翻译语料的基础上，探讨翻译的本质属性以及翻译过程的特征。翻译认知研究常常采用实验的方法或借助相关仪器的应用，通过相关条件的设定或相关变量的控制，对受试对象因受刺激而形成的相关反应进行统计和分析，并以此为基础探讨翻译过程和翻译规律。

其次，语料库翻译学和翻译认知研究均关注双语转换规律的研究。一方面，双语转换规律研究是语料库翻译学研究的基础或出发点。毫不夸张地说，如果不分析双语转换规律，语料库翻译学的研究便无法开展。翻译语言特征中的翻译共性和具体语言对的翻译语言特征均是双语转换规律的产物，所不同的是前者涉及所有语言对之间的双语转换，后者与具体某一对语言之间的转换相关。

事实上，只要我们掌握双语转换规律，我们就能够获得关于翻译共性和具体语言对的翻译语言特征的正确认识。译者风格研究所涵盖的译者在目的语词汇和句式结构应用以及翻译策略与方法应用等方面所呈现的规律性特征，实质上是译者所特有的双语转换规律。同样，翻译规范中的操作规范是在分析双语转换规律的基础上归纳出来的。另一方面，翻译认知研究的不同领域均以双语转换规律为研究对象。翻译认知过程研究所涵盖的翻译理解和表达的认知机制以及翻译认知加工系统研究均以双语转换规律的分析为前提。只有掌握双语词汇和句法之间转换的规律性特征，我们才能理解译者如何对原文信息进行解码，如何使用目的语对原文信息进行编码，进而才能分析翻译认知过程的规律与特征。译者心理活动研究的核心概念是译者的心理图式和想象。译者心理图式实际上是受双语转换刺激的抽象结构。译者的想象实质上是由原文引发的在大脑中形成的形象，这些形象需要译者采用目的语来表达，这必然涉及双语之间转换的规律。译者的审美心理因素研究需要分析作为译者审美心理表现形式的创译、雅译和译者风格，而创译、雅译和译者风格的研究均需要考察不同形式的双语转换规律。民族文化心理对译者影响研究也是以译者特有的双语转换规律的分析为前提的。

再次，译者风格研究是语料库翻译学和翻译认知研究共同的课题。对于语料库翻译学而言，译者风格研究是主要的研究领域。语料库翻译学试图通过大规模语料的分析和数据统计，考察译者在传承原作风格之外在语言应用以及翻译策略与方法应用等方面所呈现的个人偏好。译者风格研究不仅可以阐明译者在翻译过程中所表现的主体性，深化对译者行为的认识和理解，而且还可以揭示对译者风格形成产生重要作用的个人意识形态和社会意识形态。而对于翻译认知研究而言，译者风格虽然不是主要的研究领域，却是译者审美心理因素研究和民族文化心理因素对译者影响研究绕不开的课题。要分析译者的审美心理因素，就需要分析译者在翻译策略和方法应用以及目的语语言词汇和句式结构应用等方面呈现的特征，这必然会涉及译者风格的讨论。比如，对莎士比亚戏剧的梁实秋译本和朱生豪译本进行比较，我们发现朱生豪比梁实秋更倾向于使用叠音词和四字成语，更倾向于使用词汇手段明示人物的情感。这一差异固然与两位译者的不同翻译目的有关，但也体现了两位译者的审美心理因素对于翻译的影响。民族文化心理因素对于译者影响研究的主要内容是译者的翻译动机和翻译行为，而对此的分析可将译者风格研究作为切入点。具体而言，我们可以比较不同民族或种族的译者所翻译的同一源语文本的不同译本，分析这些译者风格的差异，尤其是译者在对与民族文化相关的文化负载词进行翻译处理时所呈现的风格差异，以探讨民族文化心理因素对于译者的影响。

最后，语料库翻译学和翻译认知研究均将翻译过程作为研究对象。尽管语料库翻译学是以翻译产品的分析为基础探讨翻译的本质，但同样关注翻译过程的研究。利用语料库技术，我们可以依据翻译文本的具体语言特征，分析译者在翻译过程中的动机及其具体翻译行为，毕竟翻译文本是翻译过程的产物。我们还可以利用多模态口译语料库，对于口译过程中的语言应用和副语言特征进行全面而深入的探讨。比如，我们可以根据译员的停顿、手势和面部表情，分析口译过程的具体特征以及译者的心理状态。此外，我们可以应用收录不同翻译阶段翻译语料的翻译过程语料库，在分析不同翻译阶段的翻译文本语言特征的基础上，对于翻译过程的特征及其总体趋势进行描述。翻译认知研究则侧重于翻译过程的分析，并以此为基础研究翻译的本质。作为翻译认知研究的主要研究领域，翻译认知过程研究所涉及的译者心理过程和翻译认知加工研究均试图描写不同翻译阶段中译者的心理活动特征及其翻译认知规律，以构建翻译过程的心理模型。为还原翻译认知过程，学界常常采用眼动仪和功能性磁共振成像等仪器设备，探讨译者进行双语转换或翻译认知加工时的心理活动和心理结构。而翻译认知研究的另一领域——译者心理活动研究也是以翻译过程为考察对象，分析译者在源语理解和目的语表达阶段所发生的与双语转换相关的心理活动。具体而言，这些活动包括原文内容所激发的心理图式、译者对原文所描写的具体内容的态度以及原文内容在译者内心激起的情感或想象等。

二、语料库翻译学与翻译认知研究的相互关系

如前所述，语料库翻译学侧重于翻译产品的研究，而翻译认知研究则以翻译过程为研究对象，但这并不意味着语料库翻译学与翻译认知研究之间毫无瓜葛，是相互矛盾的关系。实质上，二者之间的关系是同一对象即翻译的产品和过程之间的关系。产品是过程的结果或产物，分析过程便可对产品进行预测。过程是产品的原因或前奏。没有过程，就没有产品，而过程必然会导致产品，故而对产品进行分析可以推知过程。有鉴于此，语料库翻译学和翻译认知研究之间并非毫不相关，而是互为补充、相辅相成的关系。一方面，语料库翻译学的相关研究成果可以直接应用于翻译认知研究，而且还为翻译认知研究提供研究方法和研究工具；另一方面，翻译认知研究可以为语料库翻译学提供理论解释工具，证实或证伪语料库翻译学的研究结论。

（一）语料库翻译学对于翻译认知研究的意义

近年来，学界开始应用眼动仪和功能性磁共振成像等神经成像技术对译者的大脑语言表征和翻译过程中大脑活动的状况展开研究，分析与翻译相关的语言切换机制和翻译神经机制。这些研究均以相互对应的典型双语词汇或句式结构为研究的切入点，考察译者在进行这些词汇或语句结构之间的转换时的内在心理机制和信息加工的认知过程。学界一直依据研究人员的直觉和个人判断来确定作为研究切入点的双语词汇或句式结构，这使得研究具有一定的主观性和片面性。不过，利用语料库技术，我们可以对大量双语文本中的双语词汇或句式结构对应关系频率进行统计分析，获取相关数据，并根据这些数据确定翻译认知实验研究的切入点，从而确保研究的客观性和科学性。以英语定语从句汉译的翻译转换机制研究为例，我们首先可以依据英语定语从句的频率数据确定选择哪类定语从句为研究对象，然后再根据英语定语从句与汉语语句结构之间对应关系的频率数据确定研究的切入点。从这个意义上讲，语料库翻译学研究关于双语词汇或句式结构对应关系的研究可以帮助研究人员确定翻译认知实验研究的切入点。

翻译心理学侧重于分析译者的认知心理、审美心理和文化心理。其中，译者认知心理的分析需要凭借有声思维分析法考察译者在翻译过程中所采用的加工模式和策略，而译者文化心理的研究则常常采用问卷法和实验法分析文化因素对译者的操控。这些领域的研究固然取得了一定进展，但若借鉴语料库翻译学的研究成果，并与语料库翻译学所倡导的语料库方法结合起来，研究的信度和效度将获得实质性提升。一般而言，语料库翻译学凭借语料库方法的应用，在分析文化负载词或其他典型词汇翻译的趋势与规律基础上探讨译者的文化心理。另外，基于语料库的翻译规范研究通常关注译者对异化或归化翻译策略的选择，以及翻译具体源语词汇和句式结构时所采用的翻译方法。这些策略和方法的研究有助于揭示译者的审美心理、译者所属民族的文化心理对于译者的影响，以及译者处理与原文作者和目的语读者之间关系时的心态。可见，语料库翻译学关于译者文化心理以及翻译规范的研究成果对于翻译心理学的研究具有补充和印证的作用，而语料库方法在翻译认知研究中的应用将会拓展并深化翻译认知研究。有学者指出，只有将实验的方法与基于语料库的方法结合起来进行研究，才能更好地了解翻译模式的认知基础。事实上，翻译认知研究重视多种方法的并用，尤其强调语料库与实验方法的应用。

口译认知研究一直是翻译认知研究关注的焦点。学界常常从工作记忆与信息加工角度对口译认知的属性和规律进行分析，或者依据心理学、关联理论探讨口译认知过程。这些研究所做的分析均建立在单模态的口译语料或口译笔记分析的基础之上。本质上，口译是多模态的口语交流活动，故而这些研究不能全面、真实地反映口译过程和口译认知的属性。然而，多模态口译语料库的应用可以在一定程度上克服现有口译认知研究所存在的缺陷。多模态口译语料库所收录的语料不仅包含语言信息，而且还包含译员及其他说话者的表情和体态语等副语言信息。通常，译员的表情和体态语体现了译员的内心情感和认知活动。利用多模态口译语料库，我们可以观察、分析口译过程中译员的体态语和表情，并以此为基础分析译员的心理活动。我们还可以分析口译过程中语言符号与非语言符号之间的关系，进而揭示口译过程中深层次的信息认知过程。由此可见，语料库翻译学关于多模态口译语料库应用的研究可以较为全面地反映口译过程及口译认知的规律，对于现有的口译认知研究而言无疑是重要而有益的补充。

（二）翻译认知研究对于语料库翻译学的意义

作为语料库翻译学的重要研究领域，翻译语言特征研究一直受到学界的充分关注。关于翻译语言特征成因的分析，既有不同语言之间的差异之论，也有译者主体性及译者风格的区别之说，还有学者从翻译认知角度加以解释。事实上，简化、显化、规范化和平整化等翻译语言特征可依据翻译认知的相关理论进行阐释。简化、显化和规范化等翻译语言特征均可依据认知语言学的突显原则加以解释。王寅认为，英译汉时，译者常在翻译过程中"突显"受众对象，尽量让译文能被中国读者读懂，结果导致译文的规范化、简化和显化趋势。王寅认为平整化趋势可以依据原型范畴理论进行分析。按照"原型范畴理论"，范畴通常由原型、其他成员及边界三大要素组成。原型是范畴的最典型化的表现。与其他范畴成员相比，原型具有范畴的更多属性，故而被视为范畴的核心成员。其他成员则由于与原型成员相似度的高低而分别位于范畴的不同位置。这些成员被视为范畴的边缘成员。为提高译文的可读性，译者常常选用属于范畴核心成员的最典型的词语或语句，避免使用属于范畴边缘用法的生僻词句或罕用句式结构。

如前所述，双语词汇和句式结构对应关系的研究是语料库翻译学研究的基础和出发点。利用语料库技术的优势，我们可以在观察大量双语语料的基础上总结或归纳双语词汇和句式结构对应关系的总体趋势和具体表现形式。关于这些趋势和表现形式的内在动因的分析，语料库翻译学并不能提供现成的解释，而翻译认知研究的相关理论可以作为解释工具。关于双语词汇对应关系，我们可以依据认知语言学的范畴化理论进行分析，范畴化能力是人类生存与发展所依赖的最基本的认知能力。不同民族对于客观世界的分类既有相同之处也有相异之处，完全对等的范畴只占所有范畴中的很小比例。双语句式结构之间的对应关系则可从图式理论角度予以分析。图式是指人作为主体所拥有的知识结构，是关于范畴的看法和认识，主要分为内容图式、语言图式和文本图式。其中，内容图式包含事件图式。根据图式理论，事件图式是形成语法构造或基本句型的基础，体现了参与者在某一行为或状态中最典型的组合。从这个意义上讲，双语语句之间的对应关系实际上是事件图式的映射与被映射，即目的语句式是源语文本句式所承载的事件图式结构的映射或体现。

应当指出，翻译认知研究的相关理论或原则不仅可以为语料库翻译学研究提供解释工具，而且该领域的相关研究可以用于证实或证伪语料库翻译学研究的有关假设或结论。其一，语料库翻译学研究常常对于双语词汇对应关系的频率进行统计分析，而这些分析结果可以通过眼动仪实验或翻译行为研究加以证实。通常，某一源语词汇与目的语词汇之间对应频率越高，受试对象在眼动仪实验中处理双语词汇对应关系的时间越短。其二，语料库翻译学关于操作规范和翻译单位的研究结论可以通过有声思维法等翻译认知研究方法加以验证。有声思维法是指受试者在完成某项任务的过程中随时随地讲出头脑中的各种信息。应用有声思维法，我们可以还原译者的翻译过程，尤其是翻译策略与方法的选择以及翻译单位的处理等，从而分析具体翻译活动的操作规范和翻译单位。其三，语料库翻译学关于译者风格成因的研究可以与翻译认知关于译者审美心理和民族文化心理的研究相互印证。关于译者风格的成因，既有源语与目的语之间的差异因素，也有译者所处社会的意识形态因素及其个人意识形态因素，其中包括译者的审美心理和民族文化心理。很明显，翻译认知关于译者审美心理和民族文化心理的研究可以证实或证伪语料库翻译学关于译者风格的结论或假设。

三、语料库翻译学与翻译认知研究的融合——基于语料库的翻译认知研究

综上所述，语料库翻译学与翻译认知研究存在诸多共性，相互之间你中有我、我中有你。因此，二者之间完全可以融合，而且也有必要融合。一方面，翻译认知研究主要凭借研究者的直觉和内省进行，因而具有较大的主观性和片

面性，而与语料库翻译学的融合可以克服传统翻译认知研究的局限性。另一方面，语料库翻译学与翻译认知研究之间的融合是翻译认知研究发展的必然。翻译认知研究强调分析语言使用，这自然需要研究实际使用或真实的双语语料，故而需要语料库翻译学提供的语料支持。此外，翻译认知研究旨在从认知角度对现实使用的翻译语言进行分析并揭示翻译语言或翻译现象背后的人类心智，而语料库翻译学研究可以为翻译认知研究提取研究所需的大量真实的双语语料或翻译语料。事实上，正是由于上述可行性和必要性，语料库翻译学和翻译认知研究最终融为一体并因此而诞生出基于语料库的翻译认知研究这一全新的研究领域。

基于语料库的翻译认知研究旨在以语料库的应用为基础，对大量双语语料和翻译语料进行数据统计和定性分析，系统研究翻译的心理机制和思维规律。本质上，基于语料库的翻译认知研究是语料库翻译学和翻译认知研究相互影响、相互融合的产物。语料库翻译学为基于语料库的翻译认知研究提供方法论，即语料库方法；而翻译认知研究则为基于语料库的翻译认知研究提供理论原则和解释工具。

基于语料库的翻译认知研究主要涵盖翻译与隐喻、翻译认知过程、译者的审美心理以及文化心理对译者影响等课题的研究。

基于语料库的翻译与隐喻研究旨在分析源语文本中的隐喻在目的语文本中的再现及其蕴含的认知过程和认知机制。该领域研究以表达概念隐喻源域的词汇为检索词，分析这些词汇的翻译处理方式，并以此为基础探讨源语文本中的隐喻在目的语文本中的再现与变异及其背后的认知机制。该领域研究还分析目的语文本中的隐喻应用在语篇、认知和话语层面对于译者的目的语表达的影响。

基于语料库的翻译认知过程研究是指利用语料库分析译者进行双语转换时的认知心理过程和翻译认知加工规律的研究。翻译认知过程研究通常采用有声思维法和眼动仪等方法，然而语料库方法在该领域研究之中同样可以有所作为。具体而言，我们可以利用翻译过程语料库和多模态口译语料库分析翻译认知过程的特征与规律，还可以在考察大量双语语料的基础上，分析译者翻译策略和翻译方法的应用，以及译者在句式、语气、情感意义和词汇色彩等选择上呈现的特征，对译者所做出的不同翻译选择进行深入研究。

基于语料库的译者审美心理研究侧重于分析译者进行双语转换时的审美心理因素，如情感、想象和审美定式等。一般而言，译者的情感体现于译者在翻译过程中是否融入了原作中所没有的情感，译者的想象表现于目的语文本中意象词汇的应用，而译者的审美定式则通过译文的审美属性得到体现。为此，我们可以利用语料库，分析目的语文本中语气词、情态动词、评价性形容词和意象词汇的应用，考察译文的句子组合、节奏安排、韵律表达、辞格运用和篇章布局等，以揭示译者的情感和想象，分析译者的审美追求及其审美定式。

基于语料库的文化心理对译者影响的研究关注不同译者对同一源语文本的不同反应，具体内容包括译者在特定文化环境下的翻译动机及其对翻译行为和效果的影响，如不同翻译策略和技巧的应用等。我们可以重点分析不同译者翻译政治词汇、敏感词汇或其他文化限定词时所采用的翻译策略和方法，如异化和归化、误译、删译和净化翻译方法等，以揭示译者的翻译动机和译者所处社会的文化心理对其翻译行为的影响。

应当指出，基于语料库的翻译认知研究的形成不仅扩大了语料库翻译学的研究范围，而且使得翻译认知研究更加深入、全面。其一，语料库翻译学研究自 20 世纪 90 年代问世以来一直关注翻译产品即翻译文本的研究，较少关注翻译过程或翻译认知的研究；而基于语料库的翻译认知研究将语料库翻译学的研究对象扩展至隐喻、翻译认知过程、译者审美心理和文化心理等方面，从而扩大了语料库翻译学研究的领域。其二，语料库在翻译认知研究中的应用可以帮助我们识别仅凭肉眼无法发现的典型词汇或句式结构应用的特征，而且可以提供频繁运用或罕见的例证。这些例证在小规模语料研究中通常很难被人察觉，因而没有得到应有的关注。不过，凭借语料库分析软件的应用，我们可以观察到通常情况下很容易被忽略的例证，并基于这些例证的分析归纳翻译文本中语言应用的总体趋势以及译者在具体翻译策略和方法应用上的特征，而且还可以揭示这些趋势或特征所蕴含的认知机制和译者的心理因素等。

本节在分析语料库翻译学与翻译认知研究的主要研究领域的基础之上，探讨了语料库翻译学与翻译认知研究之间的共性与相互关系。笔者认为语料库翻译学与翻译认知研究之间存在诸多共性，二者之间相得益彰、相互交融。因而，语料库翻译学与翻译认知研究最终融为一体并形成基于语料库的翻译认知研究这一全新的研究领域。该研究领域的诞生不仅拓展了语料库翻译学研究，而且深化了翻译认知研究。

第三节　基于语料库翻译的显化与隐化

美国当代翻译家朱莉安·霍斯曾在 20 世纪 70 年代初提出了"翻译分类学"的概念，即根据原文文本功能及译文文本功能的异同将翻译划分为"隐性翻译"和"显性翻译"。前者一般与始发语所属文化之间存在一定的联系，后者并非针对某特定源语文化读者，而主要以目的语文本的形式出现。显化（explicitness），又译为外显化、明朗化、明晰化等，该概念指的是"目标文本以更明显的形式表述源语文本的信息，是译者在翻译过程中增添解释性短语或添加连接词等来帮助译本的逻辑性和易解性"。与之相对应的是隐化（implicitness），是指目标文本通过概括信息或删除连接词等有意忽略或省译源语文本中的某些部分。由于汉语在指称形式、连接词、造句结构等方面都不同于英语，两种语言互译过程中的确存在隐化现象的发生。

一、语料对比研究中的显化与隐化

随着计算机语言学和语料库语言学的迅猛发展，机器翻译逐渐成为最为有趣也最具挑战的研究领域之一。近年来，基于语料库翻译学的研究成果不断丰富，方法理论也更加成熟，语料库翻译学的实证性和细致性也日益突出。有学者通过对英语和挪威语互译的考察，证明译文语言同母语相比，有显化的倾向；王克非基于对汉英对应语料库的考察，发现译本扩增现象，这与前者的考察结果类似。

然而，除了语言系统内因语法规则引发的显化转移之外，译文文本中还应该存在着与之相反的隐化现象。为了深入探讨这一翻译过程中的共性问题，笔者选取了 50 篇国外著名网站及报刊的英文及其汉译，其中包括美国有线电视新闻网、英国广播公司新闻网、英国路透社新闻网、《纽约时报》及《泰晤士报》等，文本的内容涉及了财经、科技、生活、环境、旅游、社会等方面的内容，同时选取了另外 50 篇与之字数相对应的汉语文本，共计约 25 万字的语料，对翻译中的隐化和显化问题进行了一番对比研究。

通过考察和比较翻译汉语与原创汉语在词汇密度、句子长度上的不同与变化，笔者发现，汉语翻译中的实词比例低于原创汉语，即出现了简化或者隐化的特征；而翻译汉语的虚词比例则高于原创汉语，即出现了显化特征。另外，源语中的陌生表述在汉译的处理中长度变化不一，修辞方式和联想构句在变通过程中也出现不同程度的对应。因此，可以说，汉语翻译文本通过降低实词所提供的信息量来降低译文的难度，从而提高了可接受性的总体趋势；翻译汉语中普遍存在对高形式化英语的"仿译"现象，这一点在词语显化和句法显化中颇为常见。

二、影响显化与隐化的因素

（一）语言因素

英语和汉语分属于不同的语系，形式化程度或形态形式相差很大，语言结构之间存在差异，不同的语言造就了不同的表达方式，因此在不同的翻译方向上，显化或隐化的表现就不一样。一般体现在衔接手段方面的显化和隐化。例如：

It amazes me to look back and realize how drastically my interests have changed, how dramatically my intellectual aspirations have evolved and how even my fears are not the same any more. The certainty I once had about what I wanted to see and achieve is gone, the answers replaced by more and more questions about myself and my path.

译文 a. 我的兴趣被彻底改变，我的学术追求有了大大提升，我的恐惧也不再如初，回头看看这一过程，真是让我惊讶。我曾经一度确信的我最初的所见所想早已改变，但是，这份确信已经无影无踪了，心中已有的答案被对自己和未来道路的疑问所取代。

译文 b. 回首往昔，我惊奇地发现，自己的兴趣已迥然不同，学业理想也今非昔比，就连内心的惶恐都已不复从前。曾经，我对自己的未来和追求有着明确的目标，如今却不再肯定，取而代之的是越来越多的对个人和前途的疑问。

这是来自 BBC 网站上的报道，原文中的"The certainty"和"the answers"有语义上的指代关系，即心中的"理想与目标"就是所谓的"答案"，因此在翻译的时候做了隐化处理，如译文 b；相比之下译文 a 则显得突兀冗长。

汉语作为一种"意合语"（parataxis），不同于重"形和"（hypotaxis）的英语靠连词、介词和曲折变化来表示语法关系和语义结构，这就使词语句子乃至篇章的有机联系更加密切，也更加灵活。可见，显化与隐含现象的发生及其程度大小应与语言形式化程度或形态和翻译方向有关。

（二）文化因素

作为一种翻译现象，显化和隐化不仅仅是存在于语言文字本身的，还应包含不同文化信息差异所带来的意义上的不同转换，即为了有助于译文读者更好地理解外国文化的相应信息，而采取的显化（或隐化）。例如：

The attention to detail continued down the stairway off the Main Plaza, where each terrace was decorated with white rocks in the shape of a llama. Llamas were used to transport food and supplies to the slaves, and the images were created to show the Inca's appreciation. Archaeologists have determined that slaves from the neighbouring villages, likely in the north, built Choquequirao, using vertical stonework and small stones（limestone and granite）.

译文 a. 就连沿主广场下山的阶梯做工也十分精细，每一级台阶上都有用白色岩石摆成的骡马。以前人们用骡马给奴隶运送食物和物资，后来人们把这些画面刻画出来以表达印加人的感激之情。考古学家现已确定乔昆丘拉城是来自周边村落（极有可能是北边的村落）的奴隶，用直立砌石和小石块（石灰石和花岗石）建造而成的。

译文 b. 古代印加人的精工设计还不止于此。从中央广场附近的石阶就可略见一斑。这里的每一级台阶都由白色的石块围砌而成，并饰有羊驼的图形。羊驼在当时曾是动物运输的手段之一，给辛苦劳作的奴隶运送粮食和背负各种物资，由此深受印加人的膜拜。考古学家已经证实，乔昆丘拉城就是由奴隶们修建完成的，他们很可能来自北方等附近村庄，所使用的材料是垂线型石质的石灰岩和小型的花岗岩。

该句选自英国 BBC 网站上一篇关于旅游的报道。对照原文，译文 b 做了充分的显化和隐化。译文 a 中"人们用骡马给奴隶运送食物和物资"，读者不易明白为什么要用骡马给奴隶运送物资，译文 b 添加了"羊驼在当时曾是动物运输的手段之一"，同时，奴隶是当时社会奴隶主贵族大兴土木、扩充疆土的主要劳动力，所以，有必要添加"辛苦劳作的奴隶"，将原文隐含的文化信息表达出来，这样就清晰易懂了。而译文 a 中"人们把这些画面刻画出来以表达印加人的感激之情"，表述僵硬，前后衔接不当；相比之下译文 b 做了隐化处理，"由此深受印加人的膜拜"，衔接自然，顺理成章，表述地道。

I can't listen to John's scores any more because when I do, I just want to chop my fingers off.

译文 a. 我再也不听约翰的配乐了，因为一旦我听了，便会忍不住想要砍断自己的手指。

译文 b. 约翰的配乐令人沉醉，简直让人难以自拔，身为同行，也自感望尘莫及！

本句选自 BBC 中的一则影视娱乐报道，"断指"一词在中文内涵中有着"痛改前非，立誓不忘"之意，相比于原文的"chop my fingers off"，似乎意义相去甚远，原文是说"技不如人，羞愧难当"之意，语言诙谐幽默。译文 a"忍不住想要砍断自己的手指"，令人莫名其妙，不知所云；相比之下，译文 b 做了显化处理，添加"身为同行"，便让人一目了然，对"chop my fingers off"也就豁然开朗了，"自感望尘莫及"自然就顺理成章了。

（三）译者因素

从本质上讲，翻译是一种交际行为。如何交际，自然要看交际者的意图和听者的期待。译文正是依据意图和期待进行的取舍。无论是"显化"还是"隐化"，都是译者在社会因素控制下所做出的选择，对于译语文化而言，既趋向于翻译文本的陌生化，希望翻译能向译语文化提供"异质"的新材料来丰富译语文化；又倾向于提高译文的可接受度，提高译文的明确性，减少歧义，简化语义。例如：

Found in the city's old town, next to the Russian bazaar, the Ertugrul Ghazi Mosque（also known as the Azadi Mosque）is an exact replica of Istanbul's Blue Mosque. Named after the father of Osman I, who founded the Ottoman Empire, this mosque represents the friendly ties between Turkey and Turkmenistan. The interior of the mosque is covered with exquisite carvings and hand-woven Kilim rugs, similar to those found in the original Blue Mosque.

译文 a. 在阿什哈巴德的古城，靠近俄罗斯集市的地方就是埃尔图鲁尔加齐清真寺，也叫阿扎迪清真寺，是伊斯坦布尔的蓝色清真寺复制品。它是以奥斯曼一世的父亲，土耳其帝国的建立者命名的。此清真寺是土耳其与土库曼斯坦两国友好关系的见证。寺内充满了精美漂亮的雕刻品以及手工编织的基里姆地毯，这些都是照原蓝色清真寺中的物品仿制的。

译文 b. 阿扎迪清真寺位于阿什哈巴德老城区，紧邻俄罗斯集市，又名埃尔图鲁尔加齐清真寺，其建筑完全效仿了著名的伊斯坦布尔蓝色清真寺。阿扎迪清真寺得名于奥斯曼帝国开国元勋——奥斯曼一世之父，象征了土耳其与土库曼斯坦两国之间的友好关系。清真寺内部墙壁刻有精致的花纹和图案，地面铺满了纯手工编织的羊毛花毯，这些都与伊斯坦布尔蓝色清真寺相差无几、如出一辙。

这是一篇关于旅游的资料，来自 CNN 网站。原文中的 "Named after the father of Osman Ⅰ, who founded the Ottoman Empire" 在译文 b 中处理为 "阿扎迪清真寺得名于奥斯曼帝国开国元勋——奥斯曼一世之父"，相比于译文 a 中的 "以奥斯曼一世的父亲，土耳其帝国的建立者命名的" 进行了背景文化显化添加，十分清晰。另外，原文中 "The interior" 一词囊括了两个意思，即墙壁和地面，译文 a 中的 "充满了" 僵硬地对应 "is covered with"，语义混乱、思路不清；相比之下的译文 b 灵活分解了原文中的 "The interior"，再现了文中隐含的内容，读起来通顺自然、条理清晰。

Fabled to some — unfamiliar to many — the Caucasus Mountain region of Svaneti is home to high mountain peaks, villages dotted with thousand-year-old defensive towers and a passionate indigenous people known as the Svans. Although they bear an ethnic relationship to their fellow Georgians, the Svans have been living in Georgia's remote northwest for centuries, creating a language and lifestyle that is all their own.

译文 a. 很多人对斯瓦涅季的高加索山区无从知晓，有些人仅仅是有所耳闻。这里聚集着很多高山，有千年防御塔散落期间的村庄以及一个热情的土著民族——斯瓦族。虽然他们与其他格鲁吉亚人有着民族联系，但是斯瓦族在格鲁吉亚西北部的偏远地区已经生活长达几个世纪，他们创造了本民族的语言和生活方式。

译文 b. 很多人对斯瓦涅季（苏瓦奈提）的高加索山区并不熟悉，而对有些人来说，这里更是充满了神奇与虚幻：一座座高山峻岭绵延环绕，一栋栋防御塔楼矗立千年，热情好客的斯瓦人更是在这里代代相传。在格鲁吉亚这个多民族的国家中，斯瓦人几个世纪以来一直居住在西北部的偏远山区，有着自己独特的语言和生活方式。

这篇来自 BBC 网站上的旅游文本，让我们体会到了贴近译语文化的必要性。原文 "peaks, villages, people" 在译文 b 中显化处理，分别为 "一座座、一栋栋、代代"；原文中 "bear an ethnic relationship to their fellow Georgians" 在译文 a 中被译成了 "他们与其他格鲁吉亚人有着民族联系"，译文紧贴字面，译成的汉语却令人蹙眉，不知所云；译文 b 则做了隐化处理，"在格鲁吉亚这个多民族的国家中"，令中国读者感觉自然亲近，不显生疏，简化了理解过程。

评判翻译的忠实性与优劣的标准问题向来是翻译研究与评论的永恒命题。英国翻译理论家亚历山大·弗雷泽·泰特勒曾提出"翻译三原则"，即体现原作的思想、保持原作的风格和文体、表达流畅。同时，此三者的排列顺序体现了其等级和次第的重要性，不可颠倒、调换，更不可以牺牲思想的忠实以达到表达的优美。可见，译文忠实于原文，永远是其首要标准。但是，译文的语言特点问题也是关乎着译文水平高低的另一个层面，是翻译领域众多学者共同致力探讨的一个共性问题。无论这一解构－重组的过程怎样的错综复杂，我们还是可以归纳出一些通常可行的具体步骤和方法。语料库的发展，不仅为翻译研究提供了更加充分的资源和手段，也引发了人们对翻译研究的新思考。

第四节　语料库翻译的新范式

从哲学的视角来看，翻译研究范式的嬗变经历了前主体性时期的研究范式、主体性时期的研究范式和主体间性时期的研究范式。陈大亮指出，主体间性理论强调的是人与人、物与物、主体与客体、自我与对象之间的相互生成、相互渗透、相互依存的交互主体关系。胡开宝教授指出，纵观译学研究历史，译学研究范式经历了四次重要转变，即语文学范式、语言学范式、文化范式和语料库翻译学范式。语料库翻译学拓宽和深化了译学的研究领域，打破了内省式研究的藩篱，引入了实证研究的方法，这不仅是译学研究方法的重大突破，更是翻译研究范式的新转变。

一、翻译研究新范式——基于语料库的翻译研究

库恩在 1962 年提出了"范式"这一概念。他认为，"范式"是看待世界时运用科学的不同方式，是盛极一时的科学理论，是专业教育所规定的思想框架。而"研究范式"则是一个学科特定的科学共同体所共同接受的，关于研究活动的信念、规范、范例以及具体从事研究活动所遵循的研究框架与逻辑。赫曼斯在 1985 年首次将"范式"这一哲学概念引入译学研究当中，强调译学研究中的"范式"概念更多地体现为一种"修辞手段"，以强调一种反传统的、创新的、激进的立场。

　　自 20 世纪 90 年代以来，基于语料库的翻译研究给翻译学的发展注入了新的活力，开辟了新的研究方向。1993 年，曼彻斯特大学贝克教授指出，语料库可以用作描写和分析的翻译语料。1996 年，贝克把"基于语料库的翻译研究"作为一个崭新的研究领域正式提出。语料库翻译学的研究对象不是语料库，而是以语料库为手段进行翻译研究，由此可见，语料库翻译学是一种崭新的译学研究方法论。

　　语料库翻译学不仅仅是语料库的方法在翻译研究中的应用，而且还有自己独特的研究领域，如翻译语言特征研究、译者风格研究、翻译规范研究、翻译教学研究、口译研究等。此外，它还拥有稳定的学术研究群体。因此，有学者指出语料库翻译学是一种综合性的、内容丰富且自成体系的研究范式。语料库翻译学基于大量语料库和数据统计分析进行译学研究，具有较强的客观性和说服力；它不仅重视译学共性研究，也重视译者风格等个性分析；语料库翻译学研究方式既有描写性译学的特点，也有翻译研究文化范式的理念，且不排斥翻译研究语言学范式的方法。因此，可以说语料库翻译学是基于语料库翻译研究的新范式。

二、语料库翻译学的特征

　　刘波指出，基于语料库的翻译研究具有语料丰富、语料真实、规模庞大、检索方便等特点，实证研究让其更有说服力。那么，语料库翻译学有哪些特征呢？

（一）语料库翻译学源于语料库语言学与描写性译学的有机融合

　　基于语料库的翻译研究借鉴了语料库语言学的基本方法，例如语料的整理标注、检索统计等。采用语料库的方法，译学研究由原来的内省式研究和诱导式研究转变为统计调查式研究，这样研究更加客观。传统的译学研究，不论是国外的"泰特勒三原则""奈达功能对等理论""纽马克的语义翻译和交际翻译"，还是中国的"严复的信达雅""钱钟书的化境说"，都是通过一些规定性的理论或者原则来指导翻译实践。由此可见，传统的中西方译学理论均体现出"规约性"的特点。然而，随着译学研究的发展，传统的"规约式"的译学研究无法对改写、创译等进行解释，与发挥译者主体性的时代诉求相悖，因此，描写性翻译学应运而生。语料库语言学快速发展，现代译学研究方法从规约到描写，都为语料库翻译研究奠定了基础。

（二）以语料库和定量分析为基础，重视实证研究

语料库能够为翻译研究提供大量的翻译语料，使研究者很方便地提出数据进行统计分析和译学研究。语料库翻译学凭借语料库的巨大技术优势，从实证研究出发，对大量的语料进行数据统计和定性分析，将自下而上的方法与自上而下的方法相结合，来研究翻译的本质、揭示翻译活动的规律。

（三）知其然并知其所以然，描写与解释并重，探究译学规律

语料库翻译学具有鲜明的描写性特征，但和描写性译学相比，它还具有"解释"的特征。语料库翻译学不仅要对客观存在的翻译现象进行描写，还要对翻译规律、本质等进行解释。

三、语料库翻译学的研究范围

（一）对翻译共性、译者风格、翻译文体学和翻译规范的研究

翻译共性又叫作翻译普遍性，是指译文文本（目标语言文本）所特有的区别于源语言文本的普遍性特征，主要包括显化、简化、隐化和范化等。译者风格，就是译者在译文中展现出来的个性化特征与翻译风格。传统译学研究多依靠研究者的主观感知，缺乏大数据支撑，而语料库翻译学扩大了译学研究的对象范围，实证研究和定量分析的形式比传统的内省式译学研究更客观，也更具说服力。王峰和刘雪芹指出，在以翻译研究为本体论、语料库语言学为方法论、文体学为认识论的基础上，语料库翻译文体学也应运而生，翻译研究历来缺席文体学视角，这一遗憾也在语料库翻译研究范式出现之后得以改善。翻译规范是关于译文和翻译过程正确性的规范，翻译规范可分为前期规范、初始规范和操作规范。前期规范决定待译文本的筛选；初始规范要求译者在待译文本的充分性和可接受性之间做出选择；操作规范是指译员在翻译策略等方面的规律表征。

（二）对机器翻译和词典编纂的研究

基于语料库的机器翻译包括如下两种系统：基于实例的机器翻译、基于统计的机器翻译。基于实例的机器翻译与基于统计的机器翻译皆以平行语料库为基础。由此可见，机器翻译也是语料库翻译学的一个重要研究领域。平行语料库中包含着大量的双语对等翻译，这就为双语词典编纂提供了极大的帮助；双语语料库在义项分析等方面也可为词典编纂提供参考并发挥重要作用；语料库翻译学的不断发展，必将为词典编纂学的发展助推加力。

（三）对翻译实践和翻译教学的研究

无论是笔译实践还是口译实践，语料库翻译学都有重要的应用研究价值。例如，口译语料库和研究成果对口译策略和口译理论的构建都发挥着重要作用。在翻译教学方面，语料库可以为其提供大规模、高效快捷的教学检索工具；学生在翻译练习时，借助专业翻译语料库，要比传统的查阅资料更加高效，且译文质量不打折扣。

语料库翻译学采用的是大数据统计和定量分析的实证研究方法，具有客观性、普遍性、科学性，还具有较强的说服力。语料库翻译学拓宽和深化了译学的研究领域，打破了传统译学的研究模式，引入了实证研究的方法，这不仅是译学研究方法的重大突破，更是翻译研究范式的新转变。与此同时，语料库翻译学在翻译个性研究、语料库翻译文体学、定量分析、翻译教学、口译研究等方面也有待加强。基于语料库的翻译研究虽有不足，但不妨碍其创新和发展，翻译研究因语料库翻译学的出现而百花齐放、生机勃勃。

第五节　语料库翻译的创新研究

一、基于语料库的翻译中汉语介词的使用

基于语料库的研究表明，介词作为一种功能词在翻译汉语中有明显多用的倾向。本节通过比较汉语原创语料库 LCMC 和汉语翻译语料库 ZCTC，分析概括了汉语翻译文本中介词的使用特征并探究其成因。研究发现，翻译汉语中介词总体使用频率在所有文类中均显著高于汉语原创文本；翻译汉语中介词多用主要体现在时空介词和对象内容介词上，工具方式类介词则具有少用倾向；此外，翻译汉语倾向于多用双音节介词。笔者认为，翻译汉语介词的使用特征是源语影响、汉语介词用法特点及汉语发展演变等因素综合作用的结果。

20 世纪 90 年代以来，语料库翻译学取得了长足进展。作为一种新的研究范式，语料库翻译学体现了翻译研究从"规定性"到"描写性"的转换以及从微观（即语言学）到宏观（即社会文化）的转换。基于对应语料库的汉语翻译语言研究在国内已取得不少进展，这类研究"不同于传统的'对等'理念指导下的翻译研究，而关注起翻译转换中语言之间的相互作用带来的语言变化以及促成此类变化的语言内和语言外因素，开辟了新的翻译研究途径"。

基于语料库的实证研究表明，相较原创汉语，翻译汉语通常少用实义词而

多用连词、介词、代词等功能词；相较英语，汉语形式化程度较低，较少使用功能词，但受英语影响翻译汉语往往多用功能词。许多学者以连词或代词为切入点，验证翻译文体的存在或翻译共性中的显化假说，对翻译文体中连词和代词的使用特征进行了比较深入的剖析和探讨。

相对而言，对于介词的研究则主要集中在个别特殊介词（如"被""把"），研究者包括柯飞、胡显耀、曾佳、肖忠华、朱一凡和胡开宝等。这些研究基于小说、戏剧或新闻的汉语翻译语料，由于文体不同，得出的结论亦不尽相同。笔者尝试运用涵盖不同文本类别的通用语料库，按语义类型考察翻译汉语介词，旨在更加全面客观地揭示其使用特征。

（一）汉语介词用法研究

介词是虚词的一种，数量有限，属于相对封闭的词类。沈家煊指出：现代汉语中介词总共不过七八十个，绝大部分是单音节。陈昌来认为，现代汉语介词总数在 150 个左右。本节采用的 LCMC 和 ZCTC 语料库，标记的介词均为 88 个，合计为 91 个。

根据介词所介成分的意义类别，大致可以将其分为 8 类：①施事介词；②受事介词；③工具介词；④对象内容介词；⑤时空介词；⑥方式依据介词；⑦排除介词；⑧原因目的介词。有些介词在意义上跨越了几类，因为同一介词可能有多个不同义项。为便于统计，本节参照在线汉语词典分类，将上述语义类型合并为 5 类：①时空介词，如在、从、向、于、当、往等；②工具方式介词，如以、用、通过、按、根据、经等；③原因目的介词，如为、为了、因、因为、由于等；④对象内容介词，如对、与、给、比、同、除了、关于等；⑤施事受事介词，如把、被、由、将、叫等。

介词的主要功能是引出跟动词所指动作行为或形容词所指性质状态有关的对象、施事、受事、时间、处所、方式、原因、目的、根据、范围等。饶长溶根据介词带上宾语后充当句子成分的能力及其在句中的分布位置，将其分为以下几类：①"把""被"类，只能作状语；②"按""照"类，能作状语、句首修饰语；③"向""往"类，能作状语、句首修饰语、谓词后补语；④"跟""对"类，能作状语、句首修饰语、定语。据此，介词和所带宾语的句法功能主要有 4 种：①用于动词或形容词之前作状语；②用作句首修饰语；③用于动词或形容词后作补语；④用于修饰名词作定语。

介词通常与名词性短语搭配构成介词短语，也可与动词性短语或小句搭配构成介词短语。此外，介词还可以跟方位词、名词、准助词等构成介词框架，将介词宾语置于其中，形成一种封闭结构，如"在……上""当……的时候""对……来说"。

与古代汉语相比，现代汉语句子结构更趋复杂，介词的数量增多，作用也变得越来越重要。但是，汉语的介词远不如英语的介词那么活跃和不可或缺，英语造句几乎离不开介词，英语需要使用介词的地方汉语可能不用或省略介词。胡显耀、曾佳借助汉语翻译小说和原创小说语料库考察了13个主要介词，研究发现汉语翻译小说介词使用频率明显高于非翻译小说，是语法标记显化的体现。戴光荣结合类比和平行语料库考察了汉语译文中介词的使用特征，发现汉语译文中介词用法很大程度上受英语源语介词用法（或明或暗）影响，体现了源语透过效应。

（二）基于语料库的翻译汉语介词使用特征考察

本节通过比较汉语原创语料库 LCMC 与汉语翻译语料库 ZCTC，考察汉语翻译文本中不同语义类型介词的使用特征。LCMC 和 ZCTC 同属"布朗家族"语料库，语料库库容及建库模式一致，是涵盖新闻、学术和小说等不同文类的通用语料库。

1.LCMC 和 ZCTC 介词使用频率比较

介词在汉语原创语料库 LCMC 与汉语翻译语料库 ZCTC 各文类中的使用频率。

相较汉语原创语料库 LCMC，汉语翻译语料库 ZCTC 四种文类中介词每万词使用频率均明显偏高，且具有显著差异，这说明汉语翻译语料中各文类介词均有多用倾向。LCMC 和 ZCTC 中各文类间亦存在差异，学术类语料介词使用频率均为最高，小说类语料介词使用频率均大幅低于其他三类。可见，无论汉语原创语料还是翻译语料，其中正式文类所用介词频率均较高，这与正式文类往往句子偏长不无关系。参照肖忠华对 LCMC 和 ZCTC 四种文类平均句长的统计可知，无论汉语原创语料还是翻译语料，句长均为学术类最大，小说类最小。

2.LCMC 和 ZCTC 介词语义功能比较

为了解不同语义功能介词在原创汉语和翻译汉语中的使用情况，本研究将 LCMC 和 ZCTC 中各自 88 个介词进行了分类。

汉语原创语料库 LCMC 和汉语翻译语料库 ZCTC 中，时空介词使用比例均为最高，其后的对象内容介词比例不及其一半，原因目的介词比例最小。相较原创汉语，各语义类型介词在翻译汉语中并非均多用，原因目的介词和施事受事介词所占比例小于原创汉语，每万词使用频率与原创汉语较为接近。时空介词和对象内容介词无论使用频率抑或比例均显著高于原创汉语，有多用倾向，工具方式介词却具有明显少用倾向。

比较两个语料库中每个介词的使用频率，通过对数似然比计算出差异显著性后排序，并按照语义类型分类，经统计得出存在显著差异的介词合计42个。

相较原创汉语，翻译汉语语料库中所有文类介词均存在多用倾向。就语义类型而言，翻译汉语介词使用情况主要体现为时空介词和对象内容介词多用，工具方式介词少用；翻译汉语显著多用和显著少用的介词并存，显著多用的介词中双音节介词较多。笔者认为，上述翻译汉语介词使用特征，是源语影响、汉语介词用法特点以及汉语发展演变等多种因素综合作用的结果。

（1）源语影响

汉语和英语介词使用频率和作用差异显著。笔者对英语通用语料库 Crown 统计发现，英语介词的使用频率为每万词947.4，约为 LCMC 的2.5倍。介词是英语中不可或缺的，起着连接单词、短语的纽带作用。虽然汉语介词也具有非常重要的作用，使用数量却相对较少。很多时候，汉语"不喜欢用太多基本没有意义的虚词，它只是把事情或意思排列起来，让人去了解这两个事情或两个意思之间所产生的关系如何"。下面两例中，"在"和"当"即可省略不用。汉语中许多情况下可以选择省略介词，也可选择使用介词，这在客观上造成了翻译汉语容易受到源语影响，出现介词多用的现象。例如：

①随着通信系统的逐步改善，在不久的将来，学生和教师可在相距很远的地方通过声像系统直接进行交谈。

②第二天，张治中来到了溪口，但是委员长一点儿也不提和谈，而且当张治中一有提及此事的迹象，他就把话题岔开，一定要带张治中去看当地的美景。

汉语和英语中介词并非是一一对应的关系，有些英语介词对应汉语中的其他词类，比如英语介词 of 多数情况和汉语助词"的"对应，而有些汉语介词则对应英语中的连词、分词短语等。对应关系是翻译汉语中某些介词多用的主要成因。"在"是现代汉语中使用频率最高的介词，LCMC 和 ZCTC 中每万词使用频率分别为104.6和133.4。王力认为，"在"本是十足的动词，因为翻译英文 in、on 一类的介词时没有恰当的字可用，从而借用作介词。事实上，"在"单独使用或与方位词、名词构成介词框架，均可与英语中很多介词（还有一些连词）相对应。本研究从 Babel 英汉平行语料库中检索汉语译文中的介词"在"，随机抽取100句，观察其对应的英语原文表达。结果显示，去除10条不合格语料，译文90例"在"介词短语中有67例在原文中有对应介词或连词，占总数的 74.4%。对应的英语介词中最多的是"in"，此外还有"on""at""to"等，连词包括"when""before""as"等。

除"在"之外，Babel 英汉平行语料库汉语译文中绝大多数的介词"当"与英语原文中引导时间状语从句的连词（如"when""as""while"）对应；译文中的介词"基于"对应的英语表达基本上是"be based on"或"*-based"；译文中的介词"通过"很多与英语介词"by""through""via"等对应。另外，汉语介引施事的介词"被"常常被视为被动语态的通用标记，Babel 语料库汉语译文中的"被"多与英语被动句或表被动意义的过去分词对应。"比"和"像"大多与英语中"than""as""like"等词对应。当英语某词或表达与汉语某介词在译者头脑中形成对应关系时，译者更倾向于选择使用这一介词，即便使用另一介词或不用介词同样可以，甚至更加合适；翻译策略会影响译文中介词使用受源语影响的程度，若译者倾向于采用直译方式，译文受源语影响则更大。

（2）汉语介词用法特点

如前所述，汉语介词用法非常灵活，存在很多可隐可现或隐而不现的情况。介词的隐现受到多种因素制约，从语义角度而言，时间处所前的介词容易省略，表示范围、方面的介词容易省略；从句法角度而言，居于句首介词短语中的介词容易省略，位于句中（主语后谓语前）介词短语中的介词不易省略；若介词跟其他词语构成介词框架，框架后部是方位词或名词，特别是处于句首位置时，介词常常可以省略。汉语中省略介词之处常为翻译汉语中多用介词之处。翻译汉语介词多用主要体现在时空介词和对象内容介词上，工具方式介词反而有少用倾向。这应与不同语义类型介词是否容易省略有关，也与其主要句法功能不同有关。时空介词和对象内容介词常常用于句首，工具方式介词则主要用于句中作状语。此外，可以与方位词、名词构成介词框架的主要是一些时空介词。因此，在原创汉语中常常省略不用的时空介词和对象内容介词，在翻译过程中受到源语影响出现明显多用倾向。本研究对 LCMC 和 ZCTC 抽样语料的考察也证实，翻译汉语中句首介词使用比例高于原创汉语（分别为 19.3%和 14.9%），介词框架结构在翻译汉语中使用比例同样高于原创汉语（分别为 27.5% 和 24.5%）。

（3）汉语的发展演变

与旧白话相比，现代汉语中介词作为显性标记变得更加重要，使用频率明显增加。同时，现代汉语中更多使用双音节词。因此，翻译汉语中介词的多用以及双音节介词的相对多用，均在一定程度上体现出现代汉语自身发展演变的趋势。汉语是重意会的语言，即"语句中的语法关系和语法意义不用外部标志显明，而需要通过语义和逻辑关系以及语境来体会"，但是，在印欧语言影响下，现代汉语有"由重意会向重形式标志转向"的趋势。这一趋势表现在，介词作为句法和语义成分的形式标志，在现代汉语中使用频率增加、使用范围扩大。句子结构的复杂和多变是介词发展的重要动因，从古汉语、近代汉语至现代汉语，"随着语言结构多样复杂化，介词的分工越来越细，以至汉语介词的数量越来越多""介词所介引的语义成分类型也越来越丰富"。相较原创汉语，翻译汉语句子往往更复杂，有时包含较长的修饰成分。这是翻译汉语中介词使用频率增加的一个原因，同时也与汉语自身的发展趋势相一致。

本小节通过概括描述翻译汉语介词的使用特征，展示了翻译汉语与原创汉语间介词的使用差异，并探究差异成因，以期对深入认识翻译汉语特征有所帮助。由于汉语语料词性标注普遍存在问题，根据语义类型统计的研究结果尚存不尽准确之处，有待通过后续研究进一步证实。

二、基于英汉平行语料库的翻译教学

语料库的种类较多，在信息技术的支持下，相关设计人员会根据不同的需要进行不同语料库的建设，就英汉平行语料库而言，其能够对翻译教学产生正向的作用，可以减少很多翻译教学过程中的困难，让学生能够借助语料库进行快速的检索，并对翻译内容有所了解，对比英汉之间的不同。这一方面有益于学生翻译水平的提升；另一方面也在一定程度上推动了翻译教学的现代化，促进了现代信息技术在翻译教学之中的应用。

（一）在翻译教学中应用英汉平行语料库的动因

英汉平行语料库主要就是为翻译工作提供服务，可以提升翻译工作的效率，并推进翻译工作进入一个新的高度。将这种语料库应用到翻译教学之中，实际上推动了相关教师工作模式的转换，使其在课堂教学过程中逐渐放松了对学生个性的压制，让学生能够在翻译课堂上拥有主动学习、主动探究的权利。为了能够有效把握翻译教学与英汉平行语料库之间的关系，笔者下面就针对翻译教学中应用英汉平行语料库的动因进行分析。

1. 丰富教学方法，优化教学形式

传统翻译教学之所以会出现教学模式单一的问题，主要是因为改革观念不坚定，创新条件不健全，而英汉平行语料库在翻译教学中进行应用后，传统翻译教学中很多不利因素都得到了遏制，教师可以依靠英汉平行语料库进行更多

元的教学活动，除了让学生被动接受翻译知识外，学生还可以在课堂上进行互动学习或者针对翻译内容进行分类学习等，这些都能够对学生思考的视角进行丰富，让学生的求知热情有所提升。同时，也能够让学生在比较分析的过程中，树立一种自省反思的意识，让学生对翻译进行更深层次的探究。

2. 强化学生反应，培养翻译感知

在学习外语的过程中教师往往要求学生要形成一定的语感，这样能够让学生在听力、口语表达等方面做出迅速的反应。学生在学习翻译的过程中实际上也应如此，要在学习过程中培养一种翻译感知，能够对需要翻译的文本进行快速的认知和反应，进而提升翻译的效率。而英汉平行语料库在强化学生反应方面有着突出的作用，可以给学生提供良好的翻译条件，让学生依托于英汉平行语料库对两种语言进行综合的对比分析，掌握被翻译文本的语言规则，并且能够对两种语言的转换规律进行了解，让学生对翻译产生更直观的认识，进而在一定程度上满足学生对翻译实践的需要。

（二）英汉平行语料库在翻译教学中应用需要注意的问题

虽然英汉平行语料库在翻译教学中应用后可以对翻译教学产生较大影响，促进翻译教学创新的早日实现。但是在实际应用的过程中，由于翻译教学与英汉平行语料库结合的时间较短，很多教师和学生对英汉平行翻译语料库缺乏足够的了解，因此，在将英汉平行语料库应用在翻译教学中时应对以下几个方面的问题给予关注。

1. 激发学生探索

与之前的翻译教学有所差异，应用英汉平行语料库后，学生必须要发挥出更多主动性，要能够利用英汉平行语料库进行主动的探究活动。所以翻译教学与英汉平行语料库结合后，首要关注的问题就是要激发学生探索。为了达到这一点，教师在进行课堂教学时应逐渐改变教学的策略，转变课堂教学的重心，将课堂上的主导权利逐渐转移到学生身上。需要注意的是，激发学生探索并没有想象中容易，教师需要帮助学生平稳度过教学上的转型期，向学生介绍英汉平行语料库的作用，并引导学生了解英汉平行语料库在翻译教学中的应用价值。同时，教师还要多给学生一些鼓励。从实践角度看，正向的语言往往能够对学生的自信心进行激发，让学生更愿意对英汉平行语料库进行应用。

2. 帮助学生分析

翻译教学中应用的英汉平行语料库一般内容较为丰富，学生在对该语料库

进行使用的过程中，经常要面对数量较多的对译样例，这不仅增加了学生的阅读量，延长了学习时间，同时过多的样例也会增加学生的压力，让学生无法快速地从中汲取有益的知识，总结翻译的规律。所以，教师要对学生应用英汉平行语料库的情况有所了解，在翻译授课过程中从中挑选一些经典样例与学生一起进行学习和分析，并且在对这些样例应用之前教师应事先做好样例的分类，将翻译方法作为分类的标准，这样能够将翻译技巧、方法等更清晰地展示出来，进而便于学生的理解和应用。通常情况下基于英汉平行语料库的翻译教学应遵循以下几个步骤进行：第一，进行基础性的词汇教学，向学生介绍教材中词汇或者句型的应用方式；第二，给学生自由思考探索的机会，让学生自己思考如何进行具体的翻译；第三，教师对英汉平行语料库进行应用，从众多样例中选取出适宜学生分析了解的内容；第四，给学生思考的空间，并让学生针对样例进行总结；第五，以英汉平行语料库为基础给学生安排一些经典习题；第六，课程结束后，学生可以借助电脑、手机等设备，登录英汉平行语料库进行进一步的学习，并对课上知识进行回顾。

（三）基于英汉平行语料库的翻译教学实践

英汉平行语料库内容丰富、对比性强，能够为翻译教学提供大量的参考资料，为翻译教学的展开奠定了稳固的基础。从教学实践的角度进行分析，英汉平行语料库的应用应该与教学实际结合到一起，相关教师要把握住翻译教学的特点，促进英汉平行语料库与翻译教学之间的结合，避免二者之间出现不适配性，影响实践教学的进行。

1.检验译文准确性

两种语言在进行转换的过程中经常会出现理解上的偏差，使得译文失去了原有的韵味，不能被地道地表达出来。在翻译教学中这种现象很难被避免，即使是任教多年的翻译教师也很难保证每一个翻译句子都能够与原文保持相同的含义和韵味。但是将英汉平行语料库应用在翻译教学之中后，这种情况得到了一定的缓解。在语料库中有丰富的翻译信息可供查询，能够让使用者快速判断出翻译的句子是否准确、搭配是否合理。例如，出于惯性思维很多学生在翻译过程中遇到与"写"有关的句子，经常会将"写"翻译成"write"，但是实际上英语中有些与"写"相关的词句并没有应用到"write"一词。如最简单的"写日记"，在翻译该句时不应使用"write"而应使用"keep"。在英汉平行语料库中，搜索"写日记"会出现大量与之相关的双语样例，学生在对这些样例进行分析的过程中自然就可以发现该句子翻译中的特别之处。如果没有英汉平行语料库提供样例进行参考，很多学生就会在翻译过程中对这一固定搭配给予忽略，而按照惯性思维进行翻译，进而造成文本翻译的不准确。

2. 丰富对译内容

通过对学生翻译情况进行了解，我们可以发现在英汉平行语料库应用之前，学生在自主翻译的过程中经常会照搬词典中的意思，并不考虑该种翻译形式在语句中的应用是否合适，是否能够对原文本进行有效表达，因此，翻译出来的文本经常过于僵硬或者词不达意。鉴于此，很多专家学者开始提倡学生从翻译样例中寻找灵感，通过多分析翻译样例来感受词语应用的精妙，了解如何应用词汇才能将句子翻译得更加贴切自然。对双语平行语料库进行分析，其内部蕴含了大量的对译样例，学生可以通过简单的搜索，就获得大量的对译资料，进而总结出各种词汇的应用方法。

3. 拓宽翻译思路

实际学习过程中我们接触到的教材或者词典，在翻译方面都过于刻板，很多翻译并不灵活，并且存在拖沓、不简洁等问题。长期以教材或者词典中的内容作为翻译样例，会阻碍学生翻译思路的拓展，使得学生难以在文本翻译过程中达到精练、准确。而与教材和词典相比，英汉平行语料库则不具有上述问题，其内部涵盖的语料资源不仅内容丰富，并且翻译形式多样，更加贴近实际生活，学生经常对这些样例进行接触和学习，能够增加翻译过程中的灵活度，并且达到拓宽翻译思路的效果。

双语平行翻译语料库中的翻译更加简练、准确，而词典中的翻译侧重的是对翻译文本的注释，除此之外文本的情景、文本翻译的实用性等都没有在其中表达出来。反观，英汉平行翻译语料库则对这些方面都加以注意，因此，更符合实际翻译的需要。而且需要注意的是，由于词典的修订相对比较缓慢，因此，很多现代新兴的词汇在词典中很难查到，尤其是一些网络用语，绝大部分都没有被收录到词典之中，而英汉平行翻译语料库则依托于网络可以进行灵活的修订，进而在内容上更加丰富和先进。

4. 提供翻译习题

要想提高学生的翻译水平，需要给学生提供有效的练习，让学生在反复练习的过程中熟练翻译的技巧和方法。因此，相关教师必须搞好习题的编撰工作。但是在与多位翻译教师进行沟通的过程中，笔者发现很多教师对习题编撰工作比较抵触，认为习题编撰是工作中较为困难的一部分。究其原因主要是因为，很多翻译教材长期得不到更新，里面的习题已经与现代翻译发展脱节，不能进行应用。而对现代网络资源进行应用的过程中，又很难找到与教学内容相适配的习题。因此，英汉平行语料库的应用，实际上可以起到为教师减压的效果，教师将英汉平行翻译语料库作为习题编撰的主要依据，通过对样例的改编来为学生提供充足的翻译习题。

当前翻译教学的模式得到了多样性的发展，很多现代的教学方法都在翻译教学之中进行了推广。而在教学过程中构建英汉平行语料库，并将该种语料库应用到实际的教学之中，就是其中最典型的教学方法之一。相关院校应该对翻译教学的需要有所了解，并迎合这些需要将英汉平行语料库广泛应用于翻译教学之中，进而有效为翻译教学的发展助力。

三、基于历时复合语料库的翻译

语料库应用于翻译研究最早可追溯到 1986 年，隆德大学的盖勒曼使用单语类比语料库研究瑞典语翻译小说的翻译腔。贝克的《语料库语言学与翻译研究：启示与应用》一文系统介绍了语料库在翻译研究中的实现方法及意义。1995 年，贝克及其团队始建成翻译英语语料库（Translational English Corpus，TEC）。几十年来，国内外建立了不同语种和类型的语料库，推动了语料库翻译学的发展。

拉维奥萨将语料库翻译学的发展总结为三个阶段。第一阶段为语料库翻译学发轫期，主要以单语类比语料库为主；第二阶段为语料库翻译学发展期，语料库逐步在翻译研究中确立地位，主要研究模式为平行语料库或平行语料库与类比语料库相结合的模式；第三阶段为语料库翻译学成熟期，语料库与语言、文化等研究结合得日趋紧密。随着对不同类型语料库研究的逐渐深入，翻译研究不再局限于仅仅使用单语类比语料库或双语平行语料库，或是二者的简单结合，而是更倾向于综合运用多个语料库或多种类型语料库，建立了多种形式的复合语料库，以及添加时间维度的历时复合语料库。

近年来，如何充分发挥、挖掘和整合不同类型语料库的作用受到越来越多学者的重视。研究者提出了建立多种类型语料库的概念，如互补语料库、三向语料库、复合语料库等。英语作为世界语，或大或小影响着世界各国语言的发展。

在大量高强度语言的接触中，翻译引发的语言接触和语言变化研究备受关注。为了挖掘翻译的社会作用及影响，时间因素被纳入复合语料库。历时复合语料库成为一种新型研究方法，主要指翻译研究中按照时间（或时间段）顺序收集的不同类型的语料库，旨在研究语言的历时变化及翻译影响，其建设思路来源于单语历时语料库和翻译研究中不同类型的语料库的综合。

（一）历时复合语料库的建设基础

1. 单语历时复合语料库

口语语料，尤其是早期口语语料，相对缺乏，历时复合语料库的研究多以书面语为主，较为著名的历时口语语料库是当代英语口语历时语料库。梅尔分析了该语料库 1950—1990 年段中"Wh 分裂句"的变化；克洛斯则考察了其中核心情态动词"must"和半情态动词"have to"和"have got to"的历时变化等。

最早和最有代表性的历时语料库是赫尔辛基历时语料库，该语料库由赫尔辛基大学建设，主要收集公元 850—1720 年间的英语书面语语料，库容为 150 万词，目的是考察古英语到早期近代英语的历时变化。该语料库含有多种文本类型，如法律文本、说明书、科学文本、庭审记录、日记、剧本、私人信件和公函等。公元 850—1350 年间每 100 年划分为一个时间段；公元 1350—1720 年间每 70 或 80 年划分为一个时间段，缺点是库容相对较小，部分阶段的语料数量非常有限。

比较著名的历时语料库还有比伯等建立的 ARCHER 语料库（A Representative Corpus of Historical English Register），主要用以考察不同时间段的语言和文体变化。所选语料涉及六个领域：科技文本、杂志、文学、小说、剧本和布道词。语料集中在 1650—1990 年间，库容为 170 万词。170 万的语料涵盖了 350 年左右的时间跨度，很明显，各时间段语料的分布很不均匀。

利奇系统研究了虚拟语气、情态助动词、半情态动词、进行时、被动语态、扩展的谓语形式、不定式、名词短语等的历时变化，并从语法化进程、口语化进程、密集化和美国化等语言因素和社会因素两方面分析了变化的原因。利奇团队的研究使用了各种类型的语料库，详细划分了时间段，是比较典型的历时复合语料库。这种研究范式为基于历时复合语料库的翻译研究提供了借鉴。

2. 双语历时复合语料库

（1）双语历时复合语料库的基础

相比单语历时复合语料库而言，翻译研究中的历时复合语料库构成更为复杂，主要包括辅以时间维度的单语类比语料库、双语平行语料库和参考语料库。

单语类比语料库收集同一种语言的翻译文本与非翻译文本，主要用来考察翻译语言的普遍性特征，即译文的典型特征，这些特征是翻译语言特有的且不受特定语言系统的干扰。类比语料库为基于语料库的翻译研究提供了新视角，是目前研究翻译普遍性特征的主要方法之一。翻译研究中源语发挥了重要作用，但类比语料库的研究过度强调了翻译特点的普适性，忽略了源语的作用和翻译的影响，表现出一定的不足。

双语平行语料库主要由源语文本与其平行对应的译语文本构成，观察方式为平行索引行。平行语料库可以是双语或多语对应的，也可以是单向平行或双向平行的。相对单语类比语料库而言，平行语料库的加工难度较大，即使以相同语言对为研究主体的平行语料库也需要很多的人工介入。受翻译政策等各方面的限制，很多语言间的译入译出分布不平衡，语料库建设中的平衡性和代表性也很难达到，再加上版权影响等，平行语料库的库容相对较小。很多研究者逐步转向平行语料库与类比语料库相结合的模式，以一种语料库为考察主体，而以另一种语料库作为验证或参考等。

翻译语言作为目标语言系统的一部分，不可能脱离目标语言的社会文化语境独立存在，一定程度上代表目标语言系统的参考语料库（reference corpus）受到越来越多的关注。贝克列出了参考库的优势：库容大，有一定代表性，可以作为参考基准对比待考察的语言现象是否为"常规"语言现象，以及有利于验证假说等。有学者提出参考语料库应具备的基本条件是：库容足够大，至少5倍于待考察的语料库。通常大型通用语料库或几个小型单语通用语料库可以成为参考库，如BNC等常作为翻译英语的参考库。

翻译引发的语言接触与语言变化，涉及语言、社会、文化等较多维度，仅仅利用单语类比语料库、平行语料库或参考语料库不能较好地阐释语言变化及翻译影响。因此，合理地利用不同类型的语料库来构建历时复合语料库，将有利于促进语料库翻译学的进一步发展。

（2）相近语言对之间的研究

欧洲实行多语，所以翻译成为欧洲各国之间沟通的重要工具。因此，翻译影响目标原创语言发展变化的研究多集中在欧洲。

基于历时复合语料库的翻译研究较为典型的是德国汉堡大学的豪斯主持的隐性翻译研究项目。隐性翻译研究持续得到德国自然科学基金的支持。该项目基于历时复合语料库，探讨了在长期、大量的翻译影响下，英语交际规范对德语交际规范以及原创德语发展的影响。

隐性翻译研究涵盖了各种类型的翻译语料库，主要为核心语料库、平行语料库、验证语料库和背景资料库等。其中核心语料库包括英德翻译、英法翻译和英西翻译；平行语料库包括英语原创与德语原创；验证语料库包括德英翻译、法英翻译和西英翻译，以及背景资料库等。语料来源主要是非文学文本，如科普资料、商务信函、杂志、计算机说明书等文本资料，共 550 个文本，库容为80 万词。

隐性翻译主要划分为两个时间段，每个阶段历时 4 年，时间间隔为 20 年，第一阶段为 1978—1982 年，第二阶段为 1999—2002 年。旨在对比同一语言现象在第二阶段和第一阶段的历时变化，以及原创德语受翻译影响而发生的变化。隐性翻译项目主要考察了四种语言现象：句首并列连接词、句首让步连接词、人称代词和认识情态标记。克拉尼奇总结了隐性翻译研究的发现：仅从隐性翻译项目来看，只有句首让步连接词受翻译的影响较明显，其他三种语言现象的变化只表明与源语的渗透效应有一定关系，翻译的作用是非常有限的。

第二个重要的基于复合语料库的翻译研究为 CroCo（2005—2010 年）项目。通过研究英德翻译中翻译语言的典型语言特征，如显化或清晰化等，进一步探索翻译对德语的影响。

此外，基于管理类双语平行语料库和类比语料库，有学者以因果结构和让步结构为例分析了 1982—1983 年间和 2008 年两个时间段翻译对德语的影响。除了翻译对德语影响的研究外，一些学者还探索了翻译对其他语言发展变化的影响，如翻译对丹麦语、意大利语、波斯语、葡萄牙语、法语、希腊语等的影响。如果没有历时复合语料库，这些研究都不可能实现。但这些发现多基于相近语言对，是否对其他语言对的研究有辐射作用，还需进一步验证。

（3）非亲属语言对之间的研究

基于相近语言对得到的假设和结论有时可能不适用于跨度较大的非亲属语言对，因此，基于历时复合语料库的非亲属语言对（如英汉语言对）的研究将有着特殊意义，可以为基于历时复合语料库的研究提供更多实证数据。基于英汉语言对的历时复合语料库的建设和研究虽处在起步阶段，但引起了很多研究者的兴趣。

王克非、秦洪武提出建立"中国英汉平行语料库"的构想，其中重要的一个方面是建设历时复合语料库，开展汉语历时语言变化研究及探究翻译在现代汉语发展过程中的作用。赵秋荣、王克非等以现代汉语发展的关键期为语料，详细阐述了文学历时复合语料库（Literary Diachronic Multiple Corpora，LDMC）的建设思路和考察模式：历时复合语料库以文学语料为主，综合了类比语料库、平行语料库、参照语料库以及单双语作家语料库的优势。清末民初、五四前后的翻译活动多以文学翻译为主，吕叔湘指出："五四之前，白话文的使用只限于极其狭窄的领域，称得上有影响、值得看的只有通俗文学一隅。"因此，LDMC 主要选取文学文本。语言发展变化的路径一般由口语扩展到书面语，但翻译引起的语言发展具有特殊性，是从书面语言开始。鉴于口语在语言发展中的重要作用，LDMC 选取一定的口语文本，如戏剧文本，此外小说中的对话也是口语。LDMC 以复杂定语结构、话语重述标记等为个案分析，探究了翻译对现代汉语发展的影响。

研究者基于其他时间段和其他语言现象深入探讨和分析了翻译的影响。秦洪武、王玉和秦洪武、司佳冰建立的历时复合语料库语料涵盖约一个世纪，从 1911 年前到民国时期，再到当代，以每 20 年为一个阶段，旨在探究一个语言代际的变化。他们以汉语话语重述标记为例，探讨了翻译与原创汉语之间的互动。研究发现：翻译丰富了现代汉语的表达形式，提高了某些话语重述标记表达方式的使用频率，加速了语用化进程，推动了现代汉语白话文的发展。朱一凡建立的复合语料库将社会文化因素作为一个重要参数，把语料库分为三个时间段："欧化"自发期（1905—1917 年）、自觉欧化期（1918—1928 年）和欧化反思期（1929—1936 年），讨论了不同时间段翻译对现代汉语发展变化的影响；庞双子构建了复合语料库，分析了中文经典译作与非经典译作中类连接结构的变化。葛晓华还从理论视角分析了词汇触发理论在翻译与目标语言发展变化中的应用，论述了英汉翻译情境下翻译与目标语变化关系的适用性。

（二）历时复合语料库建设和研究中需注意的问题及发展前瞻

语料库建设中首先考虑的是语料的代表性、平衡性和可比性，一般的语料库建设应该满足这些原则，但这些原则在实际操作中往往很难完全保证。正如麦克内里所言：绝对代表性和平衡性是不可能达到的，但一直是语料库建设者的理想。比伯等的观点有一定的代表性：历时语料库每个阶段随机取样最为理想。对于语料数量较大的文本，需要抽样，10 个文本基本可以代表 LOB 的基本语法特征。因此，CroCo 等语料库建设中借鉴了比伯等的观点。

研究者关注的另一个问题是语料库的库容，虽然语料库越大越好，但历时复合语料库受多种因素的影响，库容受限。语料库的库容究竟多大才具有说服力，没有统一的标准。但相对而言，研究者更偏好库容较大的语料库。实际上，不同词的出现频率非常不平衡；极少数的高频词反复出现且在语料库总词数中占绝大部分。因此，利奇等提醒语料库建设者："小型语料库能更好地控制体裁、文体和历时变化，有利于详细标注、精度加工，更有利于考察语言的发展变化。"历时复合语料库的建设更是如此。语料库建设还需要综合考虑建库目的、可获得的数据以及版权等。语料库是否能发挥最大作用，还取决于很多其他因素，历时复合语料库的建设涉及多个语料库以及时间段的划分，更难以达到理想的语料库建设模式。

历时复合语料库建设中另外一个需要注意的问题是时间段划分。单语历史历时语料库的时间跨距往往有上百年时间，而现代历时语料库的时间跨度相对较小，多以 50 年、30 年或 20 年为时间跨距，划分时间段的标准不一。国外历时复合语料库时间段的划分也大多语焉不详。而英汉翻译研究中时间段的划分标准大多参考政治、文化等历史事件。如郭延礼将翻译文学划分为发展期（1895—1906 年）、繁荣期（1907—1919 年）；方华文将 20 世纪初期翻译史分为清末民初翻译史和民国时期翻译史；谢天振、查明建将其划分为清末民初的文学翻译、"五四"与 20 世纪 20 年代的翻译、20 世纪 30—40 年代的翻译等。但以翻译与目标语言发展为研究对象的历时复合语料库的设计与其有很多不同之处，王力的观点较有代表性："历史大事件对语言发展产生了影响，但这些大事件与语言历史分期的关系是间接的，它们不能作为分期的标准。"翻译引发的语言接触与语言变化视角下的历时复合语料库的时间段划分，应由研究目的决定。时间段划分不宜过短或过长，最好有一定的时间跨度，利于观察更细微的语言变化。

除了历时复合语料库的建设外，翻译对目标语言影响的研究步骤也是必须关注的问题。一般包括以下几步：首先，根据观察及文献阅读，定位可能受翻译影响的语言现象。其次，观察类比语料库中某种语言现象在原创语言和翻译语言中的使用频率，尤其关注这种语言点的使用频率是否在某个阶段有陡升或骤减现象。然后对比参考语料库中这种语言现象的使用情况，对比分析这种语言现象是创新的语言结构、使用范围扩增的语言结构或使用范围缩小的语言结构。最后，利用平行语料库探究频率变化较大的语言结构的来源。语料库的考察除了告诉我们翻译语言是否模仿了源语中的表达方式外，还可以发现原创语言是遵守目标原创语言的规范还是趋向于受翻译语言的影响，以及在两者中如何取舍。

语言发展变化是内因和外因共同作用的结果。如果某种语言现象短时间内发生了显著变化，外因往往发挥了重要作用。但翻译作为一种外因是否发挥了重要作用，除了需要结合此阶段的社会、历史和文化进一步分析外，单语作家和双语作家使用某些语言现象的特征也是重要的参数。与双语作家相比，单语作家可能受翻译语言的影响要小。此外，合理解释语言接触和语言变化还需要适当考虑当时的社会语境因素、语言政策、接受者的态度和容忍度等，将语言变化融入历史、社会、文化大背景下综合考量。

霍姆斯将描述翻译学区分为三种导向的翻译研究，即译文导向、过程导向和功能导向，但实际研究中这三者是相互联系、相互补充的，很难有一个泾渭分明的区分。如果说频率变化是译文导向翻译研究和过程导向翻译研究中的一个重要参数，功能导向翻译研究则需要综合不同类型的语料库，借鉴历史、社会和文化语境，才能提供更加翔实的数据。翻译是个复杂的过程，受多种因素的影响和制约。译者也会因翻译在整个目标语言系统中的地位而采取不同的翻译策略。翻译语言除了受源语的影响外，也会影响目标原创语言的发展。图里提出：翻译过程中源语的结构通常会转移到译文中，转移的这些结构对目标语言的影响可能是负面的（如偏离原创语言的常规），也可能是正面的（如丰富原创语言等）。皮姆也持同样的看法：翻译通常是丰富和发展目标原创语言和文化的一种方式，即积极利用干扰，为目标语言读者创造新的词汇和句法。深加工、多维度对比的历时复合语料库的建设和研究将成为研究翻译作用和功能的重要方法之一，也将成为未来语料库翻译学的重要研究方向之一。

翻译研究既是门独立学科，也是跨学科的研究，多年来一直致力于寻找适合自己的研究方法。在语料库发展初期，单语类比语料库作为一种创新模式，很大程度上促进了翻译研究的进展，尤其是翻译语言特征研究。由于平行语料库加工难度较大，类比语料库在翻译研究中有所不足，平行语料库与类比语料库开始相互补充，即以一种语料库为主，另一种作为辅助验证研究假设等。历时复合语料库综合了单语类比语料库、双语平行语料库以及参考语料库的优势，再辅以时间维度，为探索翻译引发的语言接触和语言变化研究以及翻译语言与目标原创语言之间的互动研究做出了贡献。

本小节主要综述了单语复合语料库、双语复合语料库的建设与研究，介绍了相近语言对和非亲属语言对间的历时复合语料库研究，以及复合语料库研究中应注意的问题。随着对翻译学认识的深入、研究维度的增加，历时复合语料库作为一种新的研究视角将引起越来越多的关注。

四、基于自建平行语料库的翻译教学与翻译能力提高

全球经济一体化需要大量既有专业背景而又能熟练运用英语的复合型人才来满足社会需求。改革传统的翻译教学模式，构建新的翻译教学体系已是当务之急。语料库翻译学是语料库语言学与描述性翻译学的有机结合，充分利用英汉平行语料库辅助翻译教学，为传统的翻译教学注入新的活力，应用前景广泛。本小节从如何自建双语平行语料库入手，探讨如何将双语平行语料库运用到翻译课堂教学中，旨在为传统的翻译教学模式提供一个全新的视角，推动翻译教学改革，从而提高翻译教学的效果及学生的翻译能力，以期适应区域社会经济发展的需求。

（一）双语平行语料库概述

语料库"是一个按照一定的采样标准采集而来的、能够代表一种语言或者某种语言的一种变体或文类的电子文本集"，可分为单语、双语和多语语料库等多种。根据研究目的和对象的不同，又可分为平行、类比和翻译语料库等。平行语料库是"由原文文本及其平行对应的译语文本构成的双语语料库，其双语对应程度可有词级、句级和段级几种"，可用于语言对比研究、翻译教学研究、机器翻译以及双语词典编纂。双语平行语料库中的双语对应程度可有词级、句级和段级三种，本书主要探讨句级对齐的平行语料库在翻译教学中的应用。

（二）翻译课堂使用语料库的必要性

目前，国内的翻译教学依然以传统的教学模式为主，教师是课堂的主体，绝大多数教师以指定教材或结合自编讲义为主，每次授课时先讲解一两种翻译理论或翻译技巧，然后找些句子或段落让学生们翻译，接着提供参考译文，最后辅以讲解翻译中的重难点。追踪课堂全程可知，学生就是被动完成教师布置的任务及核对参考译文，学生的学习积极性没有得到调动，教学课堂比较沉闷。把语料库引入翻译课堂并与信息技术相结合，运用计算机强大的检索功能进行快速、准确检索分析，既可以使学生发现语言在实际的语言环境中的使用规律及最典型的语言特征，又可以为学生提供不同语言结构和文体间的对比分析，帮助学生理解翻译策略和技巧，有利于促进并优化翻译教学，从而提高学生的翻译能力。

在翻译教学中利用汉英双语平行语料库和检索工具能让学生在探寻式学习过程中全面而深入地了解语际转化的多种表达方式，感受到翻译学习的生动有趣。"双语比较语料库在翻译培训中的作用主要是通过比较相似词或词组及译

文中的对等来探讨特定文本的类型特征。通过对语料库和翻译的结合，能够有效地提高翻译水平，并深化源语言和目标语言的对比知识。"不同于词典的静态释义，平行语料库为学生提供真实语境，可以帮助学生提高语境意识，加深对词义的理解，更为直观地体会译者对翻译策略的选择。"在国内很有必要将电子语料库广泛应用于译员培训和翻译课堂中，来帮助学生在真实的语料背景下对翻译进行处理，从而提高他们的翻译能力和语言能力。"

（三）个人平行语料库的创建及意义

1. 个人平行语料库的创建

（1）文本素材采集与分类

本次自建小型平行语料库的目的是应用于高职翻译教学，因此在搜集文本素材时必须考虑到学生的特点及教学目标来进行双语语料的加工和语料库的组织。语料的选材应考虑侧重于应用性材料及具体职业倾向来满足学生及社会需求，与学生身心和社会的健康发展相协调。

（2）语料库材料的标注

对语料库进行有目的的标注可以为语料库带来增值，以满足不同的教学和研究需求。通常需要对文本的性质及词性、语言特征与技巧进行标注。对文本中所有的词进行分析，确定其语法属性，并将该属性添加到文本中的对应位置。同时，以赋码为线索，借助正则表达式进行检索。词类赋码和句法赋码为学生进行进一步的语义、语法和语用分析等打下了基础。

学生可以通过语言特征标注提高对两种语言差异的敏感性，掌握翻译技巧，理解译者翻译策略的选择，使译文更准确、地道。

2. 个人平行语料库的意义

自建的平行语料库在辅助翻译教学中发挥着巨大的作用，能激发学生的翻译兴趣，提高学生的双语转换能力，提高翻译教学的效果，但个人语料库素材来源有限且需要更新补充，因此，教师间可以相互交流个人资源，实现资源共享，充分利用好平行语料库这一学习平台。

（1）双语平行语料库在翻译教学中的应用

调查数据显示目前的翻译教学模式仍以教师讲授为中心，教师先讲解翻译理论及技巧并结合教材中的示例进行阐述，学生根据教学重点进行练习，然后核对参考答案。整个过程中学生处于被动接受的状态，参与度不高，教学方法单一，教学内容陈旧，翻译实践环节薄弱，翻译教学跟不上社会和时代的发展，因此，翻译教学改革迫在眉睫。翻译能力强调的是学生的双语转换和技巧运用能力，是需要经过有计划有目的的训练才能获得的。将语料库引入翻译教学当中，运用计算机强大的检索功能进行快速检索分析，呈现出语言使用的真实面貌，为翻译教学开辟了一条新的途径。"相形于传统的翻译教学模式，基于语料库的翻译教学形式具有文本电子化、学习直观化、分析多元化、结论科学化、成果有机化等五大方面的特点和优势。"

（2）语料丰富真实，提供多种译法

平行语料库为学生提供了大量丰富而真实的翻译语料，可以就某一关键词提供各种真实的译法及使用语境，学生可以借此加深对原文与译文篇章层面的理解和认识，了解译者的风格及翻译策略技巧的选择使用。教师能利用真实的语料，通过检索特定词语来验证不同译者对同一文本的处理，对比两种文本在词汇、句子和文体上的差异，寻找目的语中更合适的对等形式、搭配，更有针对性地揭示最典型的语言特征。同时，鼓励学生探索发现原文与译文的异同及处理技巧，调动学生的学习积极性，将课堂教学自然延伸到课外，有助于促进并优化翻译教学。

语料库为学生提供了丰富真实的电子资源，能有效地促进学生的翻译学习及能力提升。英语和汉语中都有一些特殊的句型和结构，在翻译时借助句级对齐层面的双语平行语料库能帮助学生很快掌握各种特殊句式的转换，深化学生对特殊句型及语法结构的直观理解和掌控，提高教学效果。双语平行语料库辅助翻译教学并与传统教学模式优势互补，结合行业企业所需，形成新的翻译教学模式，能使学生的翻译意识得到大幅提高。

（3）研究翻译风格，感悟翻译策略

双语平行语料库提供了原文与译文两种文本的用词特点、短语搭配以及句法模式等，利用语料库检索工具，借助强大的检索功能，可以让学生在词汇、句子和语篇方面进行词汇密度、搭配关系、词频和句子长度等的检索和统计。通过对不同译文的对比研究，定量统计对比分析译作风格、翻译策略以及叙事结构等，有利于学生了解研究文本特征和译者风格，帮助学生赏析译文，提高双语转换能力，获得更多的感性认识，增强学生的翻译意识。

（4）语料库方法对翻译教学的启示

笔者耗时两学期以两个班的学生作为调查对象，对在教学中基于语料库的翻译教学方法进行了跟踪研究及问卷调查。数据统计显示 92% 的学生赞同把双语平行语料库及其检索工具运用于翻译教学，认为这有助于增加他们学习翻译的兴趣，有助于培养提高他们的翻译实践能力。86% 的学生认为在翻译课堂上，他们可以利用语料库丰富真实、"与时俱进"的语料和强大的检索功能来提高翻译学习效率，加强翻译实践，领悟译者翻译策略的选择及翻译风格的形成原因。同时，借助双语平行语料库而形成的师生互动的交互式教学能满足学生的需求，以学生为中心的自主探索式学习使学生有机会对各种翻译现象和翻译技巧进行观察和概括，进而提升自己的翻译能力。正如修永梅所指出的："在翻译教学和实践中，充分运用语料库，可以进一步增强学习者的感性认识，提高地道表达的能力，提高学习者的自主学习能力和创新精神。"语料库用于翻译教学可以帮助学生更好地理解翻译本质，帮助教师动态监测学生的翻译实务，有针对性地实施翻译教学，减少译文评判压力，提高学生自主学习能力和翻译能力。

本小节通过介绍自建双语平行语料库的创建方法说明了基于双语平行语料库的翻译教学作为翻译教学的一种辅助手段，打破了传统教学的时空观念，弥补了传统翻译教学中存在的不足，既有利于加深学生对翻译本质的认识，促进现代科学技术与翻译教学的结合，又有利于提高学生翻译能力，使翻译教学更具针对性和科学性。

第六章 语料库翻译应用研究

第一节 语料库在大学英语翻译教学中的应用

本节首先分析了大学英语翻译教学的现状，针对学生在翻译实践中所遇到的困难，举例说明语料库，尤其是双语平行语料库在大学英语翻译教学中的实际作用。

一、语料库与大学英语翻译教学

（一）大学英语翻译教学现状及存在的问题

随着大学英语四六级考试的改革，翻译教学在大学英语教学中的分量变得越来越重。多年的大学英语教育改革使大学英语教学取得了很大的改进，基本完成了从过去的"填鸭式"教学到现在"以学生为中心，以培养大学生英语综合能力为目的"的转换。网络多媒体等先进教育技术走进课堂，使整个大学英语教学变得更加人性化、个性化、多元化，学生的英语综合能力有了显著提高。然而，这并不表明英语教学不存在问题。根据笔者的相关调查研究，国内大部分高校的大学英语教学中根本没有专门设置翻译课，教师和学生把主要精力都放在听、说、读、写方面。其实最新的《大学英语课程教学要求》中除了对听、说、读、写有明确要求外，也对学生的翻译能力提出了要求：学生通过大学英语学习，能够在词典等辅助翻译手段的帮助下，翻译所写专业的相关文献以及有一定难度的英语国家报刊上的文章；英汉译速为每小时约 400 个英语单词，汉英译速为每小时约 350 个汉字；译文内容要准确，基本无错译、漏译，文字通顺达意，语言表达错误较少；掌握 7675 个相关词汇以及 1870 个词组。但是笔者通过分析学生的翻译作品发现，在翻译实践中学生大多数用不上或者不会用自己所掌握的词汇。翻译过程中所需的词汇和教学中传授的词汇相互脱节是困扰学生最大的难题。造成以上问题主要有以下两方面的原因：第一，翻译课时太少或者没有，目前大学英语翻译教学主要涉及的仅是每单元课后练习中的几个句子，大部分教师也只是对对答案敷衍了事，更谈不上培养学生的创造性思维了。第二，翻译教学模式存在缺陷。传统的翻译教学模式注重静态知识的传授，即所谓的翻译策略、翻译方法，然后通过大量的相关练习以及教师的讲解培养翻译能力。这种模式的弊端在于教师一旦不能把握真实的语境，就不能准确地举例说明，反而会误导学生。

（二）语料库的相关概念及分类

"语料库是按照一定的语言原则，运用随机抽样的方法，收集自然出现的连续的语言，运用文本或话语片段而建成的具有一定容量的大型电子文本库。"目前国外最著名的语料库有英国国家语料库（BNC）、剑桥国际语料库（CIC）以及英语国际语料库（ICE）等。国内比较著名的与英语相关的语料库有中国英语学习者语料库（CLEC）、中国大学生英汉汉英口笔译语料库（PACCEL）、中国英语专业语料库（CEME）、中英双语在线语料库（CEO）等。按照语料的语种，语料库可分为单语语料库和多语语料库。单语语料库指只含有单独的一种语言的语料库，有关语料库在语言学习过程中的应用大多基于单语语料库。目前网络上可直接使用的最大的单语语料库是英语国家语料库。多语语料库指两个或多个不同语言的语料文本组成的复合语料库，其中包括平行语料库和可比语料库。平行语料库里收集的是某种语言的原文和相应的一种或几种语言的译文。可比语料库收集了相同领域中同样内容的不同语言的文本，主要用于对翻译规范的对比研究。在翻译教学中通常使用平行语料库。

（三）语料库在翻译教学中的应用

20世纪90年代贝克教授在其论文中首次提出将语料库用于翻译研究，但在中国基于语料库的翻译研究起步较晚，2004年著名学者王克非教授首次提出双语平行语料库对于翻译专业的学生而言是重要的参考工具和工作平台。因为平行语料库（配以合适的检索工具）可以提供同一个词在不同语境中的译法，包括特定搭配、术语或短语都能够查找到更加准确、地道的译法，并且得到的例句比字典的例句更加真实、丰富，这对翻译教学有很大的帮助。根据目前大学生在翻译实践中遇到的主要困难，本小节主要讲解双语平行语料库中对词、短语以及常用结构的检索应用。

1. 词语的英汉对译

学生在翻译实践中为什么用不上自己所掌握的词汇？其实主要原因就在于英语和汉语中绝大部分词语都不能一一对应。利用平行语料库提供的大量的带有真实语境的例句，学生能够掌握不同语境中同一词语的不同译法。比如"克服"这个词，学生对于它的英译会脱口而出"overcome"。我们将"克服"这个词在 Babel 双语平行语料库中进行检索，一共检索到 12 处用"克服"的汉语例句，其中英译时有 6 处使用了 overcome，如：

人们用这些小玩意儿克服沉默，与人交往。

People use the gadgets to overcome their reserve and make contact.

或许在欧洲要克服的最大障碍恰恰是特许经营产品自身的历史。

Perhaps the biggest hurdle to overcome in Europe is the very history of licensed goods themselves.

其他 6 处的翻译做了另外的处理，如：

许多人满怀信心地认为我们最后一定能使动物器官植入人体达到十分完善的程度，从而永远克服人体器官缺乏的困难。

Many are confident we will eventually perfect the animal-human donation and the organ shortage will be solved forever.

这是一项前所未有的工作，要获得成功，必须克服许多困难。

No one has ever tried this before，and the obstacles to success are enormous.

又如英语 find 这个词，从上述语料库中检索，一共得到 117 个带有 find 的句子，其中汉译成"找"的一共有 43 处，如：

I can't find anything about my wife that compensates for her lack of consideration for our children.

我在我妻子身上找不到任何东西来弥补她对我们的孩子甚少的关爱。

We went on an all-out search to find 10 companies in a variety of industries that we think provide the best digital workplaces.

我们组织了一次全面调查，目的是在各行各业中找出 10 家提供最佳数字化工作条件的公司。

But all these humans are busy endeavoring to take a killer whale for an ocean walk and find him some other orcas to talk to.

原来，这些人正在带一头杀人鲸在海上散步，为它找几头逆戟鲸做伴。

其他除了有一部分翻译成"发现"外都做了其他处理，如：

It's rather exciting to find something that old.

发现这么古老的东西令人振奋。

You do not find pigs or lions giving one another thoughtful little presents，do you？

你没有发现猪或狮子彼此赠送亲切的小礼品吧？

Like many other non-Internet Chinese companies，Kelon will soon find out if its older model still works in a new economy.

如同中国许多非网络公司一样，科龙很快就会明白，自己相对陈旧的经营模式在新经济中能否保持长盛不衰。

"If I need to know what one of our teams in Oslo is doing tomorrow，I can find out on Mom." says one fish.

一条鱼说："如果我想知道奥斯陆的某位职员明天干些什么，我可以在妈妈网上查到。"

2. 固定结构的英汉对译

英语和汉语中都有一些常用的句型和特定结构，在具体翻译时该怎么处理，不是一两句话能够解释清楚的，通常要求学生对于两种语言能够双向掌握，这可以由平行语料库来提供帮助。下面笔者通过"把"字结构的对译来说明这一点。如：

它会把我们带到哪儿呢？

Where would it take us？

最好把沙拉碗弄成彩色的。

Try to get a little color into your salad bowl.

我们把汽车停在她的房子外面，坐在车里谈心。

Parked outside her house，we sat in the car and talked.

他便双手把我抱了起来，并送我回了家，我记得当时认为他是那么高大和强壮。

He scooped me up and carried me home，and I remember thinking how tall and strong he was.

每天我快快乐乐地下山把垃圾倒在堆肥堆上。

I delighted in my daily trip down the hill to dump the refuse on the pile.

她把它放在钱包里作为精神支柱。

She is carrying it in her wallet for moral support.

以上例证可以说明，平行语料库应用在翻译教学中，确实有助于学生解决翻译实践中遇到的实际困难。目前出现的问题是很多语料库的使用还存在一定的限制，在线语料库的语料还不是很充足。库克曾说过："要实现语料库研究从语言学研究到语言教学的跨越，绝非一朝一夕之功。"随着语料库语言学的不断发展，平行语料库在翻译教学上会有更广阔的应用前景。

二、专利文献翻译平行语料库的建设与应用

近年来，我国在双语平行语料库的构建方面取得了显著成就，形成了许多大型双语语料库，不断丰富着国内语料资源，其中，专利文献语料库属于专门用途语料库。专利文献是具有特定规范的科技文献，涉及各个领域的新发明、新技术、新方法、新产品等。相比于传统的翻译方法，利用计算机辅助翻译软件等辅助翻译，构建专利文献翻译平行语料库，可有效解决传统模式的弊端，辅助译员掌握专利文献的翻译规范，统一专业术语，提高翻译效率与质量。

基于此，本小节结合专利文献的自身特点，介绍我校专利文献翻译团队创建专利文献翻译平行语料库的方法和实施过程，探讨翻译平行语料库对翻译实践和翻译教学的有效作用。

（一）专利文献翻译平行语料库的建设目的和作用

专利文献的特点为专业性强，具有固定的语言表达方式，表述严谨规范。译员在翻译专利文献时往往会遇到词语内涵理解错误，搭配不当，词性、语态转换机械等问题。构建专利文献翻译平行语料库，可培养译员的翻译素养，使他们遵守专利翻译规范，形成相符的翻译风格。此外，术语库及预翻译功能可统一专业术语，提高翻译质量及项目小组合作效率。

第一，培训译员的专利翻译意识。译员在专利翻译入门阶段，由于缺乏相关的百科知识，无法正确理解原文，会认为专利文献翻译难度大。实际上，专利文献的文本结构和语言句式较为固定，涉及大量惯用词组。例如，专利文摘的起始句有固定的表达格式，如"The invention relates to / provides / discloses / belongs to"；专利名称后的过渡词"包括""其特征在于""其中"等可分别

翻译为"comprises""be characterized in""wherein"等；专利文摘在介绍产品优点部分时也需要按固定句型翻译成"has the advantages of / that..."。除了具有固定的词汇以及语法结构特征，专利文献翻译又具有其特定的注意规范和翻译风格，译员须明确了解专利翻译规范，按照专利文献的文体特征进行翻译。专利文献翻译平行语料库的建立可帮助译员迅速而高效地掌握专利文献的语言形式特征和翻译风格和规范，培养译员的专利翻译意识。

第二，规范专业技术词汇的通用译法，建立术语库。术语管理在专利文献翻译中至关重要。有研究表明，译者75%的时间用在术语的翻译上。专利翻译中含有大量的术语，其术语密度高，要花费译者较多时间和精力来翻译。同时，专利翻译涉及的专业领域多，不同的专业领域术语有不同的译法，不能望文生义。例如，网络社区中为了隐藏身份而注册的 ID 称为"马甲"，应译为"sockpuppet"，而非"waistcoat"；又如，用于集中器和采集器的 UART 接口"复用"扩展装置，该句属于通信领域，"复用"应为"multiplex"，指多路传输的，而非"reuse"（重新使用）。此外，专利翻译中有许多惯用词组，例如，实用新型—utility model；具有—be provided with；多个—a plurality of 等。此外，专利术语翻译的原创性高。专利都是对新发明的技术或产品的描述，作者往往会创造一些新的术语来表达新的概念。这些术语在工具书中查询不到，需要译者根据原文创造新的术语进行翻译。

专利文献翻译平行语料库的建立可以有效解决术语管理的任务。我们利用语料库中的记忆库管理功能，可以实现术语的收集、描述、记录、存贮、呈现及查询等工作。启用预翻译功能后，达到匹配率的记忆库文本可自动填充到译文栏中，译员可将其作为参考译文，这能够减少译员查词的工作量，确保译稿的术语统一，实现译文用词的一致性，同时大大提高翻译的效率。

（二）专利文献翻译平行语料库的建设方法

建设专利文献翻译平行语料库的步骤包括对语料的采集、对齐、整理与加工等。首先应结合构建语料库的目的，选取不同领域的语料，确保语料库的丰富性和代表性；再利用计算机辅助翻译软件进行双语语料对齐，其是建立语料库的核心步骤；最后需对语料库进行词性标注，深层次整理加工语料库。

1. 语料采集

高质量语料的采集对语料库的构建与应用具有重要意义。本项目通过采集外国语学院创译工作室的知识产权专利翻译内容作为原始语料，由于其皆是原文与译文一一对应的段落，且以 word 文档形式保存，相比于网上下载的双语资料，文档格式转换以及处理选取语料的排版步骤皆可省略。在构建该专利文献翻译平行语料库之前，应研究分析农学、建筑、医学、物理、化学、交通等不同领域的专利文献的中英句式特点，从而总结出影响语料库与译文质量的语句是哪些类，译员在科技文献翻译初级阶段时易犯哪些错误等。据此，笔者根据合作翻译公司的质检反馈稿件，选取无语法错误、符合专利翻译规范的高质量文本，保证所选取语料的语言质量和翻译质量。

2. 双语语料对齐

语料采集后，需要对语料进行对齐。在语料对齐时选取句级对齐单位，即由一个或多个自然的中文 / 英文句子组成且中英文句子间具有翻译关系。

3. 语料库的整理加工

双语语料对齐后，该专利文献翻译平行语料库仍为生语料库，即没有经过任何处理的电子文件语料库，而词性标注可进一步提高语料库的利用价值。未经加工的生语料库中无法分开检索不同词性的同一词形，即若检索"焊接"，可为名词性"焊接装置"，也可为动词性"焊接某物"。因此，利用中国科学院计算技术研究所开发的 ICTCLAS 汉语分词软件，可对中文词汇进行赋码处理，即对不同词性的词汇进行标注，再利用 Treetagger 对英文词汇进行赋码处理，最后还需进行人工校对。

此外，该专利文献翻译平行语料库为开放性语料库，译员可边建边用，其提供编辑功能，即对齐后的源语言与目标语言皆可再编辑修改。因此，译员可不断完善语料库，提高语料库的实用价值。

（三）专利文献平行语料库的应用

专利文献平行语料库构建完成后，其可提供大量专利文献英汉语言实例，即可应用于科技英语翻译教学过程，也可用于培训译员的专利翻译意识，指导译员进行专利翻译实践。此外，计算机辅助翻译软件提供翻译记忆库功能、术语萃取及术语库管理功能、项目管理功能等，可实现团队高效率的协作翻译。

1. 建立术语库

Transmate 软件具有术语萃取及术语库管理功能，通过"语料管理"的术语萃取功能，打开翻译文件，设置最小出现频率，可由系统自动筛选术语并导入术语库，也可在翻译过程中手动添加专业术语，进而建立术语库。通过"语料管理"的术语库管理功能，译员可导入所需术语文件，也可根据需要自行添加术语，对术语进行整理汇总，确保术语的正确性、一致性、无重复性与完整性；此外，译员可在已建立的术语库中检索所需相关术语信息，提高查询专业术语的效率。

相比于句级对齐单位，精确的术语单位可提高系统的语句匹配率。术语库的建立对于多人合作的翻译项目具有重要作用。在翻译实践中，一库多用，可共享术语，保证所有译稿的术语一致性，提高翻译团队的效率。同样，术语库也需不断修改完善，做到定时更新。术语库的建立在词汇处理方面有以下优点。

第一，有些词汇属于一词不可多译类，译员在翻译该类词汇时，术语库会提示译者相应的译法，避免其有各自的译法，导致术语的不统一，增加译后整稿的工作量。

第二，有些词汇属于一词可多译类，术语库中会有其相应的分类，可节省译员查询术语、确定相应领域的时间。例如，"下料"是专利翻译的常见词汇，若是指钢板下料，应用 blanking；若是指切割，则用 cutting；若是指粉剂流出等的下料，则用 discharging。

2. 启用项目管理

Transmate 网络版具有项目管理功能，可实现项目化管理。翻译项目进行之前，"项目管理"可结合已有的翻译记忆库对翻译文件分析，预估所需翻译时间。项目经理建立项目后，可通过项目管理端查找译员、分发任务，译员也可从项目管理端接受翻译任务，从而实现翻译团队协作翻译。"项目管理"可实现语料资源在线共享，项目经理可实时更新术语库，定期分享给译员，确保译稿术语的统一性，提高稿件翻译质量。此外，译员的翻译进度以百分比显示，项目经理可通过项目管理端实时监控稿件翻译进度，实现对译员的管理和监督。

3. 翻译教学应用

相比于传统的翻译教学模式，将专利文献翻译平行语料库应用于科技英语翻译教学中具有以下优点。

第一，通过建立翻译教学案例库，基于语料库强大的检索功能，其可为学生和教师提供丰富翻译案例，拓展学生思维。学生可在特定的语境下对于不同双语对译案例进行分析，分析其词汇、短语、句式的差异，学习翻译策略技巧，增强翻译意识。

第二，基于语料库的翻译教学模式，可以增强学生与教师的交流，提高学生在课堂上的参与度。一句多译可增强学生的思辨能力，学生可赏析译文，体会不同的译者风格，针对多种翻译技巧探讨分析，可提高学生的逻辑分析能力，增强学生的主观能动性，从而有利于提高翻译教学质量。

（四）建库中常见的问题及解决方案

在建设专利文献翻译平行语料库的过程中，笔者对所遇到的各种问题进行分析，提出可参考的解决办法，以便提高建库的效率与质量。笔者将建库中所遇到的问题及分析方案进行记录整理，如下：

第一，专利文献中的长句拆分问题。为了表述的严谨性和详尽性，专利中通常对同一主题或事物的描述放在一句话中。因此，长句是专利文献的一个重要特点。译员应严谨分析选取的专利翻译文摘，进行合理的语句划分，便于语料对齐工作，提高预翻译中语句匹配率。若不对长句做妥善处理，必然导致专利文献中的部分语句无法逐一对应，增加语料对齐的难度。例如，"尤其是一种……的加工结构"，该句涉及一个长定语，若要拆分成小句，则需改变原文，改为"尤其是一种加工结构，其加工结构……且……"从而实现原句与译句的平行对应。

第二，如何选取对齐单位。大段对齐会降低系统的匹配率，不利于快速定位到合适的小句或专业词汇。过于精炼的词汇会增加语料对齐的工作量，而一些专业术语的出现频率并不高。此外，词汇级对齐任务难度大、易出错，因为大多数自然语言之间往往缺乏一对一的对应关系，因此一般选择句级对齐单位，其既可提高预翻译的语句匹配率，又可减少对齐任务工作量。因此在导入原文前，可将段落拆分成语句，拆分方法如下：打开一篇以 txt 格式保存的专利文献原文文档，使用回车符使每一个句子位于单独的一行，以此类推，完成段落的拆分。拆分完成后，按上文描述导入文件，打开翻译界面时，将显示各个不同的语句，而非一个整体段落。

第三，术语库整理问题。计算机辅助翻译软件具有语料分析功能，系统可统计出高频词汇，译员可据此建立术语库，但需进行筛选和补充，因为译稿中的一些专业术语出现频率低，不能被系统筛选出，需要译员自行添加；译员还需删除多余的高频率普通词汇，如冠词 a 等。因此，创建术语库之后，译员应整理汇总术语库，定期更新术语库，确保术语库的质量。高质量的术语库有助于译稿的术语统一，方便质检译员质检。

第四，语料对齐及应用的格式问题。使用 Transmate 时，导入的文件应为其所支持的文档格式，若源文件格式不支持，可用相应的工具转换成 Transmate 所支持的格式。语料对齐前，由于专利文献前具有专利号，可在整理原始语料时将其删除，或在导入语料库之后，开始对齐工作前删除。语料对齐后，可直接导出 txt 格式文本，但其不便于整理分析，可将双语平行语料先导出到记忆库，再将记忆库的对齐语料导出，即可导出 txt 格式的对齐语料，命名后保存在纯文本节档内，形成双语平行语料库文本，便于译者对语料库的整理分析。此外，在应用语料库进行预翻译时，应将稿件整理为双语对应的文字形式，可提高利用 Transmate 进行翻译的效率。翻译之后导出的文本也需整理为符合译文规范的标准格式。

计算机辅助翻译软件有助于译者提高翻译效率和翻译的准确性。专利文献翻译平行语料库的建设可用于指导译员进行专利翻译实践，减少译员确定和统一术语的环节，提高翻译实践的效率和质量。目前机器辅助翻译已代替传统的人工翻译成为翻译行业的主流翻译模式，译员提前了解并使用计算机辅助翻译软件，也可为以后进入翻译公司，快速熟悉翻译流程奠定基础。此外，专利文献翻译平行语料库也可应用于科技英语翻译教学过程，教师可随时调出所需教学素材的原文及译文示例用于课堂教学。学生也可根据语料库提供的丰富语料，学习翻译技巧，评估多种译文，培养自主学习能力和批判性思维能力。

三、语料库在科技论文摘要翻译中的应用

随着科学技术的发展，科技英语以及科技论文在世界上发挥着越来越重要的作用。为了满足科学技术交流的需要，论文摘要的翻译也日益重要。由于科技英语的研究历史短，因此翻译质量参差不齐，对国际技术交流造成了一定的障碍。

（一）科技论文摘要和语料库简介

1. 科技论文摘要的定义

作为科技论文主要观点的集中概括，科技论文摘要是科学研究的发展呈现，是理解科技成果的捷径。对于许多科技工作者而言，他们会先接触到摘要，然

后才是科技论文，因此，学术文摘在学术界不容忽视。摘要翻译的规范化将有助于学术界的国际交流，也有利于扩大中国科学成就的影响。

2. 科技论文摘要的特点

摘要的特点包括规范性、简洁性、具体性和完整性。

首先，科技论文摘要采取正式的风格，要求严谨。其结果是，摘要中的句子是完整的，用词是规范的。此外，标准术语取代了缩写词和古语词。其次，摘要要求简明扼要，有示例和对比。此外，在摘要中应使用一些单词来连接上下文，使上下文简洁紧凑。再次，每一个概念和论点都应该是具体和不同的。最后，摘要本身应该是完整的。有些读者会用摘要来进行研究，因此，完整性是很重要的。

英语摘要的长度应控制在 100 到 150 个单词之间。冗长的翻译将导致内容累赘，而过于简短的内容又无法概括摘要的信息。在科技论文的摘要翻译中，广泛应用被动语态和无生命的主体，因为可以强调摘要的客观性，并突出摘要所要表达的信息。

3. 语料库的定义

在语言科学中，一个语料库是一个书面文本或转录的语音，可以作为语言分析和描述的基础。作为一个电子数据库中文本的集合，语料库的定义是电子数据库，但由于其种类繁多也带来了许多疑问。

在《语料库、一致性和搭配》中，辛克莱指出，主体是一个自然发生的语言文本集合，用来表示一种语言的状态或变体。通常的假设是，存储在一个语料库中的语言是自然发生的，它是根据明确的设计标准和大脑中的特定目的，来代表所选语言的较大数据块。通常情况下，语料库处理的是自然、真实的语言。斯塔布在《单词和词组》中指出，语料库是一个集合的文本，为一些特定的目的所使用，通常是教学或研究。一个主体不是一个说话者所做或知道的事情，而是一个研究者所建构的东西。它通常是许多不同用户的行为记录，并用来进行研究，以便我们可以对典型的语言使用有新的认识。

（二）建语料库在分析常见翻译错误中的应用

本节在对科技论文摘要的自建小型语料库的基础上，对 15 个译本的类符/形符比、词频和平均句长进行了对比分析，并利用这些数据，分析了科技论文摘要的常见翻译错误，减少了主观性，便于对科技论文摘要的常见翻译错误进行分析，而且发现常见的错误也可以帮助我们更好地翻译文摘。

第一，平均句长。在面对具有鲜明文体特征的原始文本时，我们应该考虑翻译过程中是否再现了文体特征。在一个词中，文体分析可分为四个部分：句法结构、词汇、语音和语篇结构。本节只分析了句子的长度，这是句法的基本层次。通过分析不同翻译版本的平均句长，可以发现翻译的文体特征。

笔者运用 Wordsmith 软件对 15 个译本的平均句子长度差异进行了分析。根据 Wordsmith 的统计功能，笔者提取了其中三个语料库，经过分析后发现，针对相同的原文，15 位译者都有自己的翻译版本。其中两个版本中的句子属于长句，但语料库有巨大的差距，这应该引起我们的注意。根据显示的信息，笔者发现，原文是 5 句，128 个字，平均句子长度为 25.6；艾米的翻译为 7 句，156 个字，平均句子长度为 22.3；戴维的翻译是 9 句，168 个字，平均句子长度为 18.7。在对统计数据进行分析后，笔者发现两个学生的翻译版本都比原来的文本长。因此，两个版本都不接近原文，没有考虑到摘要翻译的特点，因为英语摘要的长度需控制在 100 到 150 个单词之间。

第二，词频。笔者用 AntConc 从处理过的文本中提取高频词，然后分析词频，从而对词语的使用情况进行分析。通过分析数据笔者发现，在戴维的翻译中，"他"一词出现了四次，"一"这个词出现了三次。摘要有一个明显的特征，就是客观性。但是，在这 15 个翻译版本中，笔者发现有 13 个人使用了"我"。科技论文的摘要是为了陈述事实，因此，译者应尽量避免使用第一人称，防止因个人主观性而影响论文的客观性。

四、自建平行语料库辅助英语四、六级翻译教学的应用

英语四、六级考试的改革给大学英语翻译教学带来了新的挑战。通过收集历年四、六级翻译真题和模拟题作为语料，自建双语平行语料库可用于辅助大学英语翻译教学。教师利用自建平行语料库，对词语、固定句式和复杂句式的双语样例进行对比分析，有助于提高课堂的教学效果，激发学生的自主能动性，对四、六级翻译考试的应试训练有一定的指导作用。

（一）英语四、六级翻译改革对于大学英语教学的影响

英语四、六级考试改革后，段落翻译对学生的翻译能力提出了更高的要求。首先，学生不再拘泥于会用已学的单词或短语造句，还要能够理解中英文表达方式的区别，掌握基本的翻译技巧，并能按英语的语言表达习惯对原文进行翻

译。其次，翻译部分更多的是考察学生的语言基础知识以及综合运用能力。除此之外，段落翻译的考试内容涉及历史、文化、经济、社会发展等特定主题的内容，其话题涉猎范围广，学生备考需要积累大量的主题词汇和句型结构。这意味着，教学要求提高了，教学内容和教学方法也需要随之进行调整。

和以往的教学内容相比，教师不但要考虑加强学生对于主题词汇和句型结构方面的学习，而且需要帮助学生了解段落篇章中中英文句式结构的差异及其对翻译策略的影响。和专业笔译课程相比，目前部分学校四、六级的翻译教学暂没有专门的课时安排，所占课时比例较少，一般融入基础英语的教学课时中。教学内容增加了，课时却没有变化，教学方法势必面临着变化。那么，教师如何在有限的课时里帮助学生积累相关的语言素材，提高备考的效率，成为教师在教学过程中需要解决的问题。

（二）自建平行语料库辅助英语四、六级翻译教学的意义

基于信息技术的语料库研究方法被越来越多的学者运用到不同的领域中。基于语料库的研究方法已被应用到包含二语习得、语言教学、对比语言学等诸多领域。可以说，语料库研究受到了业界学者们的广泛关注，其研究成果也呈现出欣欣向荣的景象。特别是专业平行语料库，其自动呈现双语词汇、语句和语篇之间对应关系的特点，在语言对比教学和语言学习方面，有着显著的实践效果且应用前景广泛。许多学者的研究也证实，语料库研究方法不仅可以应用在翻译教学研究领域，而且能弥补传统翻译教学中的缺陷。在外语教学方面，大型平行语料库往往有使用费用较昂贵、冗余信息量较大等不足之处，因此针对性较强的自建小型平行语料库便应运而生。

专门用途语料库是为研究某一专业领域特殊的语言变体而建成的语料库，近年来在专业英语教学中发挥了较大的作用，它可以给专业英语教师提供丰富的专业领域语言资源，有助于学习者体会该专业独特的语言特征和风格，从而提高了教学效果，同时也激发了学生的学习热情和兴趣。而与其他专门用途语料库相比，专门用途平行语料库的优势在于能够自动呈现两种语言的词汇、语句和语篇之间的对应关系。通过考察这些层面的对应关系，可以比较两种语言之间的异同，分析两种语言词汇之间的对应关系，探讨翻译转换规律。

专门用途平行语料库的应用越来越广泛，且出现了许多研究成果，如法律法规汉英平行语料库、英汉医学平行语料库等。基于这些实践研究，自建小型

平行语料库用于辅助英语四、六级翻译教学的实施，便具有了理论意义和实践意义。

（三）自建辅助英语四、六级翻译教学平行语料库的建立

1. 语料的选取

建库目的决定了语料库的选材范围与难度要符合教学需要。因此，自建平行语料库以历年四、六级段落翻译真题和模拟题为语料素材，确保语料来源的准确性。教师可针对考试的范围和内容，对语料进行对比分析，让学生了解命题的思路和原则，提高教学效果和备考效率。该语料库可以发挥辅助教材的作用，节省教师备课的时间和精力。同时该库也为学生提供大量的语言输入，帮助学生熟悉和积累相关主题的英语语言。课后，学生也可使用平行语料库进行自主学习，进行语言的对比学习和翻译的对比研究，有利于激发学生学习的主动性。

在该库中，所构建的原始语料库选择汉英平行文本，汉语翻译段落为源语文本，英语参考译文为目的语文本。在语料库构建的过程中，可用每年的段落翻译真题和模拟题不断更新语料库，有助于教学资源的收集和整理。

2. 软件的选择

传统的语料库编辑由于步骤繁杂，对于研究者的计算机软件操作能力的要求较高，而让人有望尘莫及之感。但本节中提及的自建语料库只用于辅助教学，因此语料的整理和对齐尽量采用 Microsoft Word、Excel 或记事本等这些大家熟悉而又容易操作的软件进行编辑，不涉及复杂的语料编码、切分与标准等细节。这样也有利于教师可以更大程度地利用自建语料库资源实现有针对性的教学任务。

语料库的检索工具选用平行语料检索软件 CUC_Paraconc V0.3，可用于检索双语和多语平行语料。该款软件可免费使用，且对于语料排版、存储格式要求不高，教师和学生经过指导也可根据教学、学习要求自行进行语料编辑，推广可行性较高。

（四）自建平行语料库辅助英语四、六级翻译教学的应用

在高职综合英语课程的教学实践中，笔者尝试引入自建平行语料库辅助英语翻译教学。在教学过程中自建平行语料库，不仅能激发学生的兴趣，鼓励学生参与到课堂的启发式教学中，还能让学生通过对比不同的译文，发现和总结翻译规律。其辅助教学效果明显，主要体现在以下三个方面。

1. 单个词语对应的不同译法

自建平行语料库和检索工具的使用能为某个检索词提供双语对译样例，以便使用者能对该词的译法进行对比和学习。在检索软件中输入关键词，并在自建平行语料库中进行检索，检索结果会将语料库中所有包含该关键词的句子显示在检索列表中。由于语料库建库时，对语料采取的是句级层面的对齐。这些句子对应的译句也相应地出现在列表中。例如，在检索软件中输入中文关键词"影响"，检索列表会把该库中含有该关键词的句子列入结果中。

对比上述结果，学生会发现"影响"一词的翻译，除了译为名词"influence"，还可以译为形容词"influential"，甚至可以活译为动词词组"be affected by"和"enjoy a high reputation"。这能让学生扩展自己的翻译思路，也能启发学生用自己学过的短语或词组对句子进行活译，教师也能适时地将翻译技巧融入教学。学生也会发现，段落翻译考试并不是枯燥乏味的中英对译，而是富含活力的诠释。

2. 固定句型的译法

除了可以搜索词或短语的译文之外，该软件还可以用于搜索一些固定句型的译句。这里选用四、六级段落翻译中常用的句式"……是……之一"，学生通过检索列表，可以发现该句式在四、六级段落翻译考试中出现的频率，而且可以总结出该句式对应的常用译文结构为"... is one of the..."。在学生总结出上述规律之后，教师还可以引导学生去思考不同于常规的译文。学生通过仿用其译文，能够深刻体会中英文表达方式的异同。这种启发式的教学方式，会让学生对所获得的知识的印象更为深刻。对比传统的"讲练译"教学方法，自建平行语料库的辅助教学更能突出以学生为本，更能帮助学生在课后完成自主学习。

3. 复杂句子的翻译方法

由于中英文句式结构的差别，译者在翻译时不可能完全做到词句一字不差地一一对应。尤其是在处理一些复杂长句时，译者需要做适当的改动以便保持源语的本意。然而部分学生水平有限，在面对这样的难句时往往无从下手。语料库中提供的一句多译的样例，可以帮助他们积累丰富的句型结构。学生可以通过比较不同的译例，对比和完善自己的译句，对语法知识点进行查漏补缺，从而达到提高自己译文水平的目的。这比教师拿着参考译文进行授课讲解的效率更高。

本节通过分析研究部分高职综合英语翻译教学中的瓶颈，探讨了自建平行语料库辅助英语翻译教学的可行性，并对自建平行语料库的构建和应用过程进行了阐述。研究发现，自建平行语料库在改善课堂教学效果、激发学生学习主观能动性方面存在着优势。不过，由于目前该语料库还存在规模较小、实验方法不够完善等问题，在对学生的语言学习能力、学习态度、学习效果方面也还没有办法进行量化的研究。如果自建平行语料库的教学模式和实验方法能够很好结合，那么该研究可有利促进学生翻译能力的提高，为英语四、六级应试训练提供一些有益的指导和启发，为英语翻译教学研究锦上添花。

第二节　机器翻译的复述在语料库中的应用

机器翻译是利用计算机程序实现由一种自然语言到另外一种自然语言的形式转换。研究领域是属于计算语言学（computational linguistics）范畴，该领域当前占主流的研究方向是基于数理统计的方法。核心思想是通过对大量的双语平行语料库进行统计和分析，建立翻译的统计模型。

机器翻译的目标是对大规模的双语语料库进行数理统计，提取出文本翻译的规则，但这些规则往往只能处理字面的直翻译，并不具备智能意译的能力。随着知识的更新，不可能存在包含所有语言现象的双语语料库，这样将无法翻译语料库中未存储的未知文本，然而复述技术能够解决将未知文本片段转换成语料库中相对同义的文本片段，复述技术是进行单语的同义文本表达形式的转换。机器翻译就是实现跨语言同义文本片段表达形式的转换，所以复述技术与机器翻译有着紧密的联系。复述技术是伴随着自然语言处理的各种具体技术的发展而形成的。在 2006 年至 2009 年间，刘挺和赵世奇等国内专家就已经开始关注复述技术的应用。20 世纪 80 年代，著名的语言学家韩礼德等对复述进行了定义，即"概念上的近似等价"。也有学者把复述看作表达相同信息的可替换形式。一些认知心理学家对复述技术的定义是，语言的复述技术正是对语言多变性特征的另外一种形式表达，这种技术就是对同一概念采用另外一种等价表达形式。概括起来说复述就是同某种语言具有相同语义和不同表达形式的语言文本片段互换，充分反映了语言的多样性和灵活性，所以复述技术也能够为自然语言计算的研究提供有力支撑。

一、研究的基本内容

本节主要讨论的是如何将复述生成技术应用到自然语言中，这些应用主要包括机器翻译、自动回答、信息提取、自动文摘、文本生成等多个相关方向，在机器翻译领域总的应用所占比重最大。

文本复述生成的核心思想包括：首先要设法建立一个能够对文本数据进行统一数理统计的模型；另外要研究的就是如何对各种可以获得的文本资源进行合理的处理和整合，充分利用这些处理过的文本资源大幅度提升复述生成文本的匹配率和准确性，通过这种复述生成可以对每个文本获取更多的丰富表达形式。文本数量的稀疏是机器翻译质量提高的瓶颈，通过复述技术可以有效解决这个问题。基于枢轴语言的翻译技术，使得资源非常稀缺的小语种翻译成为可能，这种技术已经在机器翻译领域开始应用，在复述生成过程中可以利用这种方法与各种不同的翻译引擎联合工作，获得大量的文本资源。这种技术的核心思想是将源语言片段利用多引擎翻译获取轴语言（中间语言），再利用算法进行选择，为源语言确定最准确的复述片段。这种基于多轴语言的策略，可以有效快速地获取丰富的高质量的可供选择的候选复述目标文本片段，能大幅度提高复述生成文本的质量和数量。

二、主要亟待解决的几个问题

对于如何将复述生成技术应用到自然语言中的研究仍有三个方面的问题亟待解决：一是要建立复述句获取的评判方法和标准。当前对于自动生成的复述句的质量评判都还是依赖人工评判，人工评判过程中主观因素比较大，不同的人对一个事物的判断会大相径庭，这无疑是需要解决的重要问题。二是如何解决优质复述资源获取、提高复述质量的问题。高质量的机器翻译要依赖于丰富的复述资源，然而丰富、高质量的复述资源获取通常需要长时间积累，这问题常常会成为机器翻译的一个瓶颈。三是解决面向多任务的基于统计的复述生成问题，当复述技术的应用在不同的场合，其目标往往存在很多差异，有些场合需要将文本片段进行压缩，有的场合需要对文本片段进行浅显化处理等。

设计一个适合统计复述生成的人工评测标准，这个人工评测主要包括评价"正确性""流利性"和"适用性"。但仅此还不能全面衡量复述生成系统的性能，所以还需要设计一个自动辅助测试系统，它可用于特定角度进行自动测试：①被复述的测试句比例，这个比例可以反映系统的通用性；②复述单元替换的数量，反映系统的复述能力。如果替换数量越多，说明复述句形式更加丰富。通常过多复述，可能引入错误或影响流利性，因此需要对复述的正确性和流利性进行权衡取舍。

针对每一种语料库需要设计了不同的复述短语抽取方法，能够按应用目标抽取出多种规模不等、类型各异的复述短语表，并将其用于后续的统计复述生成工作。为了改善复述短语使用不够灵活、匹配覆盖率低等缺点，使用一个大规模英中双语平行语料库，并利用基于枢轴法抽取复述模板。利用这种方法在语料库中抽取出超过 1 万对左右，准确率达到 70% 左右。

通过合理应用复述技术能够在准确性和匹配性等多个方面提高机器翻译的性能。首先在基于复述生成技术的输入端，可以利用控制性语言（控制性语言的特点是可实现词汇及风格的标准化，确保前后的一致性，消除歧义，降低语言处理的复杂程度）对系统的输入文本片段进行可控性改写，将结构复杂难理解的文本片段复述成更易于翻译的简单语言片段。另外如前面所述，利用多枢轴和多翻译引擎对源语言文本片段进行预处理，可以一定程度上解决数据稀疏的瓶颈问题，为机器翻译系统提供更多可供选择的复述目标文本。例如，当源语言文本片段 S1 在所使用的翻译引擎的训练语料中不存在对应的语言对，在这种情况下就无法实现对该文本片段的翻译；但是假设在目前的训练语料中已经存在 S1 的复述 S2，同时也存在和源语言片段 S2 所对应的目标语言片段 F2，这种情况下就可将源语言片段 S2 所对应的目标语言片段 F2 作为源语言片段 S1 的目标语言片段进行翻译输出，由此整个翻译系统的可翻译度可以大幅度提升。复述技术还有一个重要的应用领域就是对机器翻译的质量进行自动评估，其核心思想是利用某种评判标准分别对机器翻译结果和参考译文进行计算，相似度越高者，判断其准确性越高，在对机器翻译结果进行计算时，可以利用系统训练语料中的复述片段进行替代，取分值最高值，这样能够更加客观评价机器翻译结果的准确性。

三、基于多枢轴的复述资源的获取

在讨论基于多枢轴方法获取候选复述生成前，先描述一下单枢轴复述生成方法。利用一个机器翻译引擎 MT1（可以是百度翻译，必应或谷歌翻译等任何一种，例如存在 N 种翻译引擎）将输入的源语句文本片段 S 翻译为枢轴语言 PL（即获取任何一种对应的语言片段），然后再利用任意另外一种不同的翻译引擎（可以有 N−1 种选择）将这段枢轴语言片段再翻译成对应的源语言，利用这两个过程就可以得到输入源语言文本片段所对应的一种复述表达形式。

根据这种原理，如果使用多个枢轴语言并结合若干个机器翻译引擎构成一个多对多的复述生成系统，这数量是很大的，将这些复述片段都存入翻译引擎的训练语料库中，就可以增加复述生成表达形式，对解决文本资源稀缺的问题有极大帮助。但是这种技术在实际应用中也存在一些问题，每个翻译引擎都只能产生各个翻译引擎已经存在的候选文本片段，整个系统只是从理论上可以实现各个翻译引擎训练语料库的集成。由于这种限制的存在，当某个枢轴系统生成的枢轴语言结果不够准确，这个结果再被重新翻译回源语言的复述文本片段时，这种错误会被进一步放大。针对这种问题，就必须利用基于解码的复述生成技术和基于选择的复述生成方法对产生的复述语句片段进行优化处理。

第三节　可比语料库及其在翻译中的应用

一直以来，翻译研究多以思辨性的理论阐释为主，或是单就某一文本的个案研究，缺少系统的实证研究，因此各种翻译结论、假设大都缺乏数据和量化的支持，无法显示其普遍性，这在很大程度上弱化了研究的意义，制约了翻译研究的发展。翻译学要正确描述和解释翻译活动，需要对翻译现象进行科学的实证研究和数据分析，而基于语料库的翻译研究正好是一种有效的实证翻译研究。纵观自 20 世纪 90 年代以来的语料库翻译研究，不难发现，最突出的是对翻译普遍性的研究，即通过对大量翻译文本和原创文本的比较，归纳出翻译文本的普通特征。然后是对翻译中一些具体语言现象的分析，如翻译中的语法标记、词汇特征、衔接机制等的研究。再有就是对译者翻译风格的研究，即通过语料库分析某一译者在遣词造句上的个人风格。这些研究虽然都取得了一定的成果，其局限性也很明显，主要表现为大多数语料库翻译研究都局限于词句层面的微观语言分析，缺少对语篇整体结构的关注。大多数用于翻译研究的语料库都是译文和原文或译文和目标语原创文本对应的平行语料库，而对入库译文的质量、所选译文的代表性却无法保证，因此这样的语料库虽然可以作为描述翻译研究的最好素材，但对于翻译，特别是实用翻译的帮助有限。

翻译，要实现其交际功能，就应该以语篇为单位，在语篇层面展开。实用翻译是一种典型的交际翻译，更应在语篇层面进行。从语篇层面看，实用语篇通常有比较固定的"约定俗成"的语篇格式规范，也就是体裁规范，这种规范存在于交际双方（作者和读者）的认知结构中，保证交际的有效性。就翻译而言，译语语篇一旦生成，便成为译语中各类语篇的一分子，它必须受控于译语语篇的规范及译语读者的阅读习惯。因此，翻译实用语篇时，译文不仅需要传达出读者所需要的信息，而且要用符合目标语体裁规范的文本传达出这些信息。而语言的使用又和文化密切相关，对于相同或相似的交际功能，不同文化可能会采用不同的语篇结构和话语方式。因此实用翻译往往需要对原文宏观语篇结构和具体的语言表达方式进行调整，如此才能生成地道的、能够真正实现其特定交际功能的译文。而当前仅仅关注词句微观语言分析的各类用于翻译研究的语料库是无法给译者和研究者这方面的借鉴的。鉴于此，本节提出能够体现语篇宏观结构和微观语言特点的小型双语可比语料库用于实用翻译的设想，并以体裁分析理论为基础，以学术论文摘要体裁为例，对如何选择语料、如何标注等语料库建立的具体操作问题以及如何运用该语料库指导实用翻译进行探讨，为实用翻译实践和教学提供理论和方法上的参照。

一、体裁分析理论

体裁分析又称语类分析，是语篇分析发展的高级阶段，其目的在于弄清不同的交际目的如何影响语言使用，而这里的语言使用不仅包括词汇、语法、句式的选择，也包括语篇结构的布局。与将分析重点放在对语言变体的词汇和语法层面的描写的语篇分析不同，体裁分析更为关注语篇的宏观结构和认知结构，注重对某一体裁的篇章是否符合该体裁的写作规范进行分析。

西方体裁分析主要有两个学派：斯威尔斯 ESP/EAP 学派（Swalesian ESP/EAP School）；系统功能语言学派，又称澳大利亚学派（Australian School）。ESP/EAP 学派主要是以学术和职业语篇为研究对象的"语步（moves）和步骤（steps）"体裁分析模式，这种模式着力勾画语篇的整体结构及其顺序，以说明不同体裁之间的异同。澳大利亚学派则在系统功能语言学理论基础上，根据体裁与社会文化语境和情景语境的关系，提出"体裁结构潜势"（Generic Structure Potential，GSP）理论，该理论模式主张语篇体裁是语域（语场、语旨、语式）的具体体现，主要分析在系统功能语言学里某一特定体裁语篇的可选性成分（optional elements）和必要成分（obligatory elements），以及各成分的排列顺序。这两个流派的体裁分析模式在理论渊源和研究焦点上虽不尽相同，但共同目标都是试图描述和解释语言运用的交际目的、形式以及语类作为一种语境化的社会行为的规律性，试图揭示话语与社会的种种联系，挖掘语类形成的深层动因，因此对语篇具有较强的解释力。

ESP/EAP 学派的"语步"模式能够充分体现某一特定文化中某一体裁文本的主要内容，或者说是主要构成成分，而汉森提出的体裁结构潜势则能够更清楚地解释各构成成分在该体裁文本中的权重，即哪些是必要的，哪些是可选的，以及各成分的排列顺序。同时系统功能语言学的体裁分析所包含的语域分析如对词汇、语法的分析也能够更好地解释某一体裁文本微观层面的语言特征与交际目的的关系。因此要体现出语篇宏观结构和微观语言特点的语料库便可以综合两个学派的分析模式，并以之为基础进行设计。

二、基于体裁分析的实用文本小型双语语料库的设计

当前用于翻译研究的语料库大多是由原文和译文构成的双语平行语料库，这样的语料库大多是全译的例子，也就是原文和译文基本达到句子层面对齐的翻译案例。然而在现实生活中，大多数翻译并不需要和原文达到字句层面的对等。特别是实用文本的翻译，如前所述，我们翻译实用文本时往往需要根据译语文化的体裁规范对原文的语篇结构和语言表达方式进行调整，而这种调整可以是对原文有些不适合译语文化的内容进行删减，或是增加帮助译文读者理解的信息，或是改变原文信息排列的顺序。在这方面，以字句对齐为基础建立的双语平行语料库便无法为译者提供这方面的指导。再者，语料库中的译文质量在很多情况下是很难保证的。特别是实用翻译，如论文摘要翻译，如果我们建立包括汉语摘要原文和英语译文的双语平行语料库来指导翻译实践，若是选择的英语译文质量有问题，不仅不能帮助译者，反而会在译文的谋篇布局和措辞上误导译者。而实际上，在我们现实生活中不规范的译文比比皆是。总的来说，由某一语言原文和译文构成的双语平行文本语料库无疑可以作为翻译研究，特别是描述翻译研究的重要素材，但对于翻译实践，特别是实用文本的翻译指导有限，因为这种语料库中的译语文本无法为译者提供真实的译语文化的体裁规范参照，也就是译语文化中某一特定体裁文本在语篇结构和语言表达方式上的规范。在此种情况下，由两种语言的原创文本构成的双语可比语料库则可以为译者提供这方面的参照，因为使用者可以通过可比语料库发现在某一特定主题、某种文本类型的典型话语方式。

（一）语料采集

对于双语语料库，贝克曾认为，利用这样的语料库进行研究时必须十分谨慎，因为这容易产生误导，使人们认为在两种语言中似乎能找到自然的表达法，如果不同语言语料库中的文本材料在文本类型和使用场合方面不完全对应，在实际使用中就会带来偏差。为避免这种问题，也为了让使用者更清楚英语和汉语文化中同一体裁文本在语篇结构和语言体现方式上的差异，我们可以分具体体裁、具体主题来建立小型英汉双语语料库，而且保证所收集的英语文本和汉语文本在各自文化语境中用于相同的场合时，具有相同的交际功能。

（二）语料处理与标注

翻译实用文本时，我们对实用文本的分析应该既包括宏观的语篇结构分析，也包括微观的语言体现方式的分析。语篇结构主要体现在文本的语步以及语步的排列顺序上，而语步又分为可选性语步和必选性语步；语言体现方式则体现在词汇、句法层面。因此为了让译者全面了解同体裁文本在不同文化中的差异，在对所选语料进行处理和标注时就应宏观层面和微观层面相结合进行。

首先，我们可以以语步为单位对文本进行分段，建立某一体裁文本的语料子库。这一子库的目的是帮助读者了解两种语言中同一体裁文本在语篇宏观结构（包括语篇的主要内容、各个成分的权重和排列顺序等方面的信息）方面存在的异同。由于英汉同一主题平行文本，在语篇结构上，具体而言，也就是在语步的构成以及排列顺序上都可能存在差异，因此这样的语料库原文和目标文本不可能做到对齐，可以做的只能是将收集的语料按语步分段，对每一个语步分别进行标注。如学术论文摘要一般包括"主题阐述"（Topic Specification，TS）、"背景信息"（Background Information，BI）、"目的陈述"（Purpose Statement，PS）、"方法论和语料"（Methodology and Data，MD）、"研究结果/发现"（Results/Findings，RF）和"研究所带来的启示/结论"（Implications/Conclusions，IC）。在输入语料库时，可以以这些语步为单位分段，在每段开头进行语步标注，如主题阐述可以标注为［TS］，背景信息可以标注为［BI］。为了检索的方便，中英文文本可以统一使用英文标注码。如前所述，这些语步有可选和必选之分，因此在标注时，可选语步可以添上［TS'op］，必选语步可以标注为［BI'ob］。与其他语料库不同，这种标注不可能自动生成，需要人工进行，编辑者需要通读所有语料才能完成标注。完成标注后，使用者可以比较方便地检索归纳出该体裁文本在不同语言中的语篇体裁结构潜势，在翻译过程中作为分析原文和对译文进行谋篇布局的参照。

其次，根据语步进行分段也有利于研究者更好地了解该体裁文本微观层面的语言特点。因为即使是同一体裁的文本，不同语步的语言特点也可能存在很大差异。为了帮助使用者更好地了解每一语步的语言特点，我们可以进一步对前面所建立的语料子库进行处理，建立语步子库，即将每一语步单独剪切出来，然后粘贴到一起。以学术论文摘要为例，我们可以把收集的数十篇中文摘要的所有"主题阐述"部分粘贴到一起，再把英文摘要的所有"主题阐述"粘贴到一起，建立英汉"主题阐述"语步子库，然后以语域分析为框架，对该语步的词汇特点、主位结构、衔接方式进行标注和附码。

三、基于体裁分析的小型双语语料库的特色及应用

可比语料库由于不能体现具体的翻译行为被认为只适用于对比语言研究，无法帮助解决翻译问题，也因此受到翻译研究者的冷落，然而，若是设计得当，双语可比语料库对译者的帮助并不亚于翻译平行语料库。

首先，从以上描述不难看出，基于体裁分析建立的小型双语语料库所收集的语料来自同一体裁、同一主题的文本，其文本内容具有很强的专业性和针对性，有助于译者在译前准备阶段进行有效的术语编辑。

其次，基于体裁分析建立的语料库既包含体现语篇宏观结构的语步标注，也包含体现语篇微观层面语言特点的标注，有助于使用者更为全面地进行语篇对比分析，更好地了解原文和译文在各自文化中需要遵循的语篇体裁规范，即源语文化和译语文化分别对该体裁文本语篇宏观结构和语言体现方式的要求，在翻译过程中对原文进行必要的调整，生成规范的译文，以便更好地实现译文的交际功能。例如，将一篇中文论文摘要翻译成英语时，首先在译文的谋篇布局上，译者可以通过中英双语论文摘要语料库分别归纳出中文摘要和英文摘要语料库的语篇结构潜势，对比中英文摘要的必选成分、可选成分，以及各成分的排列顺序上是否存在差异，从而决定对原作的内容是否需要进行增加或删减，以及原文各个成分排列的顺序是否需要进行调整，使之符合英语学术论文摘要的语篇结构规范。其次在微观语言表达层面，译者可以通过对语料库中英文摘要部分每一语步的词性、词频、主述位、衔接方式进行检索，明确英文摘要在实现每一语步时最常采用的语言策略，以之为基础确定译文的措辞和句式选择，如此生成的译文更自然，也更容易为西方读者所接受。

总而言之，与以往只关注词汇、句法层面的语料库相比，基于体裁分析理论建立实用文本双语可比语料库可以为译者，特别是对某一专业领域不是很熟悉的译者生成译文提供一种全面的范本参照。不过如前所述，这样的语料库，在标注方面大部分都不能由软件工具自动完成，而需要人工操作，比较费时费力，而且也可能出现标注不准确的问题。所以这样的语料库规模不可能太大，同时需要团队协作，尽量避免标注过程中的主观随意性。

第四节　政府文件翻译语料库与课堂教学应用

在国际化与全球化日益深入的当今世界，翻译已经成为人们了解全球信息、扩大自我宣传、争取对外话语权从而获取更多国际资源的有效手段。20 世纪

80 年代以前，在翻译学研究领域内，规范研究基本占主导地位。到了 20 世纪 80 年代末，语料库语言学在世界范围内迅猛发展，给包括翻译学在内的语言研究带来了一场革命。规范性译学研究由此开始向描写性译学研究转变。之所以这种研究范式的转变与语料库语言学的迅速发展有着很大关系，是因为描写性翻译学与语料库语言学有着共同的研究对象与关注主体，那就是实际应用中的文本，且二者从本质上来讲均属于实证研究的范畴。这为后来语料库翻译学这一学科的建立与发展奠定了理论基础，同时也提供了必要的技术准备。

各级各类政府文件、工作报告以及政府白皮书等从体裁上来讲均属非文学文本，其主要功能是面向国际社会介绍本国国情、传达国家政策、阐述本国政府在某些重大问题上的核心观点等，具有较高的严肃性与规范性。该类文本的句式结构较为固定，措辞极为严谨，语言表达方式也非常规范。而政府文件译本的预期功能是让国际社会清楚了解政府观点，保证原文政治信息的传递准确完整。由于政府文件文本的特殊性，译者在翻译时通常字斟句酌，对每句译文反复推敲。与其他类型文本相比，政府文件英文译本的总体质量较高。因此，对高质量的政府文件英文译本进行深入研究，不仅有利于译者总结翻译规律、掌握翻译技巧，从而提高译文质量；同时还有助于总结与归纳中国社会政治、文化现实和价值观念的英语表述规律，完善现有机助翻译系统。此外，近些年来，计算机技术飞速发展，为人们创建语料库提供了极大的便利条件。利用现有政府文件资源创建的政府文件语料库应用于本科翻译课堂教学，对提高课堂教学效果具有积极的促进作用。

一、语料库翻译学与政府文件翻译语料库

迄今为止，语料库翻译学的发展只有二十余年的历史。20 世纪 90 年代，英国学者贝克教授首次探讨了语料库在翻译研究中的应用方法及前景。"语料库翻译学"作为学术术语则是在 1996 年提出的，其英语名称为 "Corpus-based Translation Studies"。后来，语料库语言学研究领域出现了分化，产生了"基于语料库的研究"（Corpus-based Approach）与"语料库驱动研究"（Corpus-driven Approach）两种研究范式。众所周知，语料库应用于译学研究，理应包括"基于语料库"与"语料库驱动"两个方面。考虑到语料库翻译学的学科属性，有学者对原有术语做了改进，修改为 "Corpus Translation Studies"。本质上讲，语料库翻译学是描写性译学与语料库语言学相结合的产物。与 "Corpus-based Translation Studies" 相比， "Corpus Translation Studies" 更能反映其学科

属性，因此被学界广泛接受。由此可见，语料库翻译学是指以语料库为基础，以大规模双语或翻译语料为研究对象，采用数据统计和理论分析的研究方法，依据语言学及翻译理论，系统分析翻译本质、翻译过程及翻译现象等内容的研究。需要说明的是，语料库翻译学不仅是语料库作为一种方法或技术手段在翻译研究领域的运用，而且已发展成为一种全新的研究范式。作为一种新的研究范式，随着研究的开展与深入，势必为翻译实践、翻译理论研究及翻译课堂教学提供新的学科框架与理论支撑。对于翻译学研究而言，语料库翻译学不仅仅意味着研究方法的革新，更重要的是，它还拓展与深化了传统译学研究的内容，催生了全新的译学研究领域。

　　语料库翻译学的发展及壮大与贝克教授及其团队成员的努力密不可分。他们不但建成了世界上第一个翻译英语语料库 TEC（Translational English Corpus），由此开创译学研究语料库建设之先河；而且在国际期刊上发表了系列论文，详细阐述语料库应用于描写性译学研究的意义、语料库翻译学的研究路径及内容、不同类型语料库在译学研究中的具体应用方法等。此后，语料库翻译研究范式愈来愈得到学界的认可。语料库翻译学研究进入迅速发展时期，主要表现在两个方面：一是一大批译学研究语料库相继建成并投入使用，如美国马里兰大学的《圣经》平行库、挪威奥斯陆大学的英语/挪威语平行库、加拿大渥太华大学的翻译评估语料库、西班牙莱昂大学的 ACTRES（Contrastive Analysis and Translation of English-Spanish）平行语料库、意大利博洛尼亚大学的欧洲议会口译语料库、日本名古屋大学的英日同传语料库等。国内建设开发的译学研究语料库有北京外国语大学的通用汉英对应语料库、燕山大学的《红楼梦》中英文平行库、上海交通大学的莎士比亚戏剧英汉平行库以及河南师范大学的学术论文英汉摘要平行库等。二是一系列语料库翻译学研究的专著、论文先后出版和发表。研究主题主要集中在翻译语言特征研究（如翻译共性假设，具体语言对翻译文本在词汇、句法以及叙事等层面的语言特征探讨）；译者风格研究（如译者的语言使用习惯、句法结构选择及篇章布局安排方面的偏好）；口译研究（如口译语言特征、口译中信息处理单位、口译规范性）；翻译教学（利用翻译语料库开展教学实验，双语库在课堂教学中的应用策略）与翻译实践（如翻译策略、翻译评估方法）研究等方面。

　　虽然语料库翻译学目前处于快速发展时期，每年都有大批成果问世，但作为一个全新的翻译学分支学科，不管是译学语料库的建设还是基于这些语料库开展的研究，其内容都有待扩展。例如，因获取语料的难易程度不同，目前建成的语料库中，科技、文学、新闻等类型的语料文本较多，而口译、政府文件方面的语料较少。特别是政府文件及其译本，与其他类型的文本相比，其获取难度相对较大，因此该方面可用的语料库不多；而在现有文献中，基于该类语料库开展的研究更是少之又少。作为一种特殊类型的文本，政府文件在句式、措辞、篇章结构等方面都有其自身特点，值得深入研究；政府文件译本，由于其功能特殊，译文质量相对较高，对于翻译研究者来说是不可或缺的宝贵资源。因此，创建政府文件翻译语料库，并把其应用在本科课堂教学中，对有效提高课堂教学效果势必会起到积极的促进作用。

二、政府文件翻译语料库建库及标注方案

政府文件翻译语料库始建于 2013 年 9 月，是河南师范大学语料库语言学研究团队"十二五"重点研究课题之一。经过课题组对建库方案的反复论证，其基本框架已经搭建完成，前期语料也已收集完毕，目前正在语料处理阶段。政府文件翻译语料库的创建，可以为人们研究政府文件中文文本和英文译本的语言特点提供一个良好的平台，使人们能够在观察与分析大量语言材料的基础上总结政府文件译文的各种语言特征。现就政府文件翻译语料库的建库及标注方案做一简要介绍。

从语料库的类型来看，政府文件翻译语料库属于单向的汉英双语平行库，所收语料为汉语的源语文本及译成英文的目的语文本；根据文件属性，将语料分为政府白皮书、年度工作报告、法律法规条文以及由政府部门发布的各种规章、制度、公告等。为了提高翻译语料库的应用价值，对英、汉语文本进行了前期处理，之后利用自行开发的文本对齐软件对所有语料进行对齐。语料之间的平行对齐问题是当今翻译语料库建设者需要解决的重点课题，是一项技术含量较高而且颇费时间与精力的工作。根据语言的不同层面，语料对齐可以包括词与词、句子与句子、段落与段落、篇章与篇章等层面的对齐。最近还有学者提出翻译语料库要实现翻译单位或者意义单位之间的对齐。需要注意的是，对齐的语言层面越低，信息颗粒度越小，那么技术处理的难度就越大。为了提高语料库的利用价值并考虑到前期人工干预的可行性，经过课题组成员的共同努力，政府文件翻译语料库最终实现了句子与句子之间的对齐。对齐过程中遵循了以下原则：①以政府文件汉语文本为基础，尽量实现汉语文本与英文译本之间的语句对应；②对应过程中，视具体情况不同，允许一对多、多对一的情况存在；③在语句的划界问题上，句号、问号、叹号、破折号和省略号均视为语句的边界标记；④对于分号这一特殊符号，人工干预过程中视具体情况而定：

不管是源语还是目的语，如果分号两边能够实现与对方的一一对应，那么即视作语句边界标记，否则不在此处切分。

语料收集且整理完毕后，还有一个非常关键的环节，就是对语料进行标注。语料标注是指对收录的语言材料添加各种信息，以便研究者根据研究需要对不同语料或语言成分进行检索与提取。一般来讲，语料标注时要注意以下几个方面：一是语料能够还原，也就是标注后的语料库能够还原到标注前的初始状态；二是标注方案要具有开放性，使用者可以根据研究需要实时修改方案并能够对语料自行标注；三是标注方案要简单易懂，使用者看后容易识别与理解；四是要考虑标注系统的复杂性与方案的可行性，争取能够达到二者的最佳结合。语料库标注有多种方法，目前国际上流行的方法主要有两种：COCOA 系统标注法与 TEI 文本编码计划法。政府文件翻译语料库的标注采用的是后者，标注信息共有三层：第一层为篇头信息，主要用来说明语料样本的整体属性，如文本来源、源语或译语、发表时间、所属文类等；第二层为语料文本的结构与形态信息，主要包括段落标记、语句位置标记等；第三层为词性信息，对所有入库的源语与目的语文本进行处理，识别出每个词的词性，并在适当位置标注。第一层信息放置在每个文本的头部，为篇头信息；第二层与第三层信息嵌入到每个文本中，为篇体信息。为便于后期检索与处理，政府文件翻译语料库整体上采用 XML 格式对文件进行储存。需要特别说明的是，为了提高计算机处理与检索文本的效率，对入库的每个文本或平行文本进行坐标化处理，实现了文本中每个词、句子、段落、语篇以及任意两个平行文本之间"源语 - 译语信息对"的有效定位。信息储存采用多维坐标的方式，为语料库中的每个信息单元建立索引，以方便使用者检索。

三、政府文件翻译语料库的课堂教学应用

不管是翻译语料库还是通用型语料库，建库的主要目的就是应用。面向课堂应用的语料库翻译学研究不仅能够拓宽译学理论研究的领域，同时还具有方法论意义。利用语料库进行翻译教学研究，其最大优势就是能够实现包括英汉互译实例在内的大量自然语料的快速、自动化检索与呈现，提高课堂教学效率。这一特点为了解和总结不同语言在词汇、短语及相关意义单位层面的对应关系以及具体翻译方法与策略的选择提供了极大的便利。与其他译学语料库一样，政府文件翻译语料库建成之后，可以应用在多个方面。限于篇幅，这里只探讨翻译课堂教学中如何提高学生翻译策略与翻译效率的问题。

首先，利用政府文件翻译语料库，可以分析英、汉两种语言在表达政府立场、观点时所用词汇上的异同，分析英、汉语之间的翻译转换规律，帮助学生提高翻译效率与译文质量。英语和汉语分属不同语系，在表达方式上存在很大差异。英语重形合，汉语重意合；汉语以意驱形，而英语则以形制意。与英语相比，汉语中意义笼统或指代宽泛的词汇较多，如"加强""代表""关系"等，在转换成英语时给很多译者带来困难。尽管英汉词典能够查阅多数汉语词汇的英语对应词，但通常由于提供数量有限，且没有具体语境，因此这些词典在实际翻译实践中发挥的作用非常有限。而应用政府文件翻译语料库则可以解决这个问题，下面以"加强"一词的翻译为例进行说明。例如，"中国政府十分重视加强同国际科技界、教育界的交流与合作"，如何译成英语呢？通过检索中国政府文件翻译语料库，共得到以"加强"为节点的索引 451 行。通过分析索引行发现，与"加强"对应的表述因语境不同而千差万别，如"enhance""promote""strengthen""reinforce""develop"等。仔细分析不难看出，"加强关系"通常译作"enhance relationship"，"加强基础建设"译为"reinforce the development of infrastructure"，"加强交流"翻译成"promote exchange"，而"加强合作"一般译为"strengthen cooperation"或"promote cooperation"。因此，上文可以译为"Chinese government pays close attention to promote exchanges and cooperation with the international scientific and educational communities."。利用同样的方法，还可以对政府文件翻译中的其他泛义词进行总结，从而帮助学生提高翻译技巧与效率。

其次，检索政府文件翻译语料库可以帮助学生总结中国特有的政治、经济、社会及文化术语。这些术语通常具有中国特色，英语中没有现成的对应词。特别是近些年与中国社会发展及人民生活密切相关的术语及相关表达方式，在英汉词典中很难查到。例如，"新农合""增收节支""节能减排""加快转变经济增长模式""建立企业职工收入正常增长机制""保障人民基本文化权益"等。以上词汇与老百姓的生活息息相关，自然成为各级政府关心的话题，因此在制定各种政策、文件时就会成为高频词。在政府文件翻译语料库中进行检索，会发现以上表述频繁出现，且英语表达相对固定、单一。与其对应的英语表述分别是"new-type rural cooperative medical system""increase revenue and reduce expenditure""reduce carbon emission and save energy""transforming economic developing mode""set up a mechanism of regular pay increases for enterprise employees""guarantee the people's basic cultural rights and interests"。同时，对于一些用法较多的词汇，人们称之为"万能词"，这些词汇的翻译也是译者需要解决的问题。例如，随着人们对社会发展的日益关注，与"社会"有关的词语层出不穷，如"小康社会"（a well-off society）、"社会秩序"（public order）、"社会监督"（public scrutiny）、"社会保障体系"（social security system）、"社会事业"（social undertakings）、"社会体育组织"（mass sports organization）等。通过检索政府文件翻译语料库发现，虽然以上汉语术语均有"社会"一词，但在译成英语时会有不同的表达方式。

最后，通过利用政府文件翻译语料库及其检索工具，学生能够分析与总结英、汉两种语言不同句式之间的转换规律。从句法上来看，与汉语相比，英语中被动句较多。特别是在正式语体中，被动句占有相当大的比例，而汉语中的被动句则很少。政府文件属于非常正式的书面语语体，"句子多被动句式"这一现象尤为明显。例如："最近十年来，中国与78个国家签署了双边航空运输协议或航行权限协议；截至2010年末，我国与其他国家签署的运输协议已达138个。"以上汉语句子为主动句式，译成英语后，则会变为被动句式："In the recent 10 years, new bilateral air services arrangements or air traffic rights arrangements have been signed with 78 countries, and by the end of 2010, a total of 138 bilateral air transport arrangements have been concluded between China and other countries."。以上汉、英两种语言在主、被动句式之间的转换在政府文件语料库中比比皆是，那么句式之间的转换是否有规律可循呢？笔者对已有语料进行了检索，通过分析英文被动结构及其对应的汉语语料发现：其一，通常来讲，在谈论某一话题时，如果主语无须交代或者不能确定，汉语则用无主句。而英语除了祈使句外，其他所有句型都必须有主语。因此，汉语无主句在译成英语时通常转换成被动式，谓词后面所接宾语就变成了主语。其二，如果汉语句子的主语表示的是某一事件发生的原因、地点或者该事件发生的范围，而非表示动作的发出者，则该类语句译成英语时通常也转换为被动句式。此时汉语句子的主语在译成英语时则成为句子的状语或其他修饰成分。其三，汉语中的一些固定结构如"把"字句、"将"字句、"对"字句等，在译成英语时，多数情况下会译成被动句。因为以上固定结构表示事物或状态因外力作用而发生变化，且将受事对象位置提前加以强调，这与英语中被动句式的语义结构相契合。除以上几条之外，通过检索语料，译者还可以总结出更多句式转换方面的规律。

第五节　金融双语与商务合同翻译语料库的应用

一、综合性金融双语平行翻译语料库的构建及其应用

贝克是倡导把语料库应用于翻译领域的第一人。1998 年鲍克发现用语料库辅助的翻译比用传统资源（如只靠字典）在对专业领域文章的理解、术语的准确选用及习惯表达等诸方面具有速度更快、质量更高的优势。随后，库布勒等学者则各自带领学生建立了医学文本语料库，开启了特殊用语语料库用于翻译研究的先例。此后，语料库研究开始转入中国，王克非教授于 2004 年主持建立了国内第一个平行双语语料库平台——通用汉英对应语料库，以其大量的对译材料为语言翻译研究和教学提供了新的途径。之后，各种专业的双语平行语料库也如雨后春笋般相继出现，如国家语言文字工作委员会建立的计算机专业的双语语料库，解放军外语学院研制的军事英语语料库以及外研社开发的英汉文学作品语料库等都为专门用途双语平行语料库的构建提供了很好的范本。但国内对金融双语平行语料库的研究还处于探索阶段，知网上只有 10 篇左右的论文，一部分是以语料库的建立为内容，另一部分则是以语料库的翻译教学为内容，这些论文填补了国内金融双语平行语料库研究的空白，也是笔者进一步研究的理论基础。结合目前金融双语平行语料库的发展和使用状况，针对其规模较小并且利用率极低的问题，本节从实际应用的角度出发，探讨金融双语平行语料库构建的原则和方法，及其应用价值。

（一）综合性金融双语语料库的构建

语料库的设计思路和原则是决定今后语料库研究和应用的关键。语料库如何选材、如何加工也是语料库建设的重点和难点。构建综合性金融双语平行翻译语料库的核心任务是双语语料的加工和语料库的组织，为了更好地保证语料库的质量和规模，并且合理、有效地推进语料库建设，制定一个相对完整、便于操作的语料库建设流程是非常有必要的。

1. 构建原则

（1）实用性原则

实用性原则既是语料库建设的指导思想，也是语料库建设的最终目标。为了提高金融双语平行翻译语料库的利用率，同时避免同类语料库的重复建设等问题，语料库在建设的过程当中始终本着为金融专业的师生和译员提供真实的教学材料这一宗旨。语料的选择要具有代表性和权威性，从而使学生能从语料

库中揣摩职业金融译员所用的翻译策略，并从中学习他们相对成熟的翻译技巧与方法。为了为国内外从事涉外金融的英汉翻译从业者提供参考或用作自学材料，提高他们的业务水平，语料库的素材要来自最新、最前沿的金融信息，涵盖各个方面的金融专业知识。

（2）简便性原则

无论是语料库的录入页面，还是使用界面，都要以简单、方便、易操作为原则，这样不但能够降低时间和人力成本的投入，还能获得更好的用户体验，使得语料库能被充分利用，实现建库的初衷。

（3）可扩展原则

随着国际经济形式的不断变幻，每年都会涌现出一些金融热词和新词，这些新鲜的词汇同样要及时被扩充到金融双语平行翻译语料库中，保证语料库的权威性和完整性。另外，为了更好地方便人们的使用，语料库本身也要不断更新，在实现了 PC 端的操作和使用功能之后，还要积极探索手机端的使用途径。

2. 语料的来源与加工

为了保证语料库的专业性和权威性，综合性金融双语平行语料库应以姚迪克 2012 年出版的《国际金融》，2013 年以来的中英双语版《金融时报》《经济学人》《华尔街日报》《诺顿知识在线》等重点金融类期刊，近两年的金融类学术论文以及一些金融专业网站上的权威报告为蓝本，并完成纸质版文本语料的电子化及不同格式文件的纯文本化处理。在内容上，综合性金融双语平行语料库所选取的语料要具有专业性、代表性，涵盖金融行业的最新动态；在语言类型上，作为翻译教学和研究的需要，该语料库只搜集正式出版、发行的书面语，不包括非正式的口语词汇和表达。

语料的加工是语料库系统性构建的中间环节，是决定语料库质量高低的关键。将加工环节首先定位在句子、段落、篇章的对齐上，用自动对齐程序标记句子 / 段落 / 篇章边界并完成句子级 / 段落级 / 篇章级的双语对齐，对齐方式可以是一对一、一对多、多对一甚至是多对多的；之后对自动对齐结果进行人工校对，得到正确的句子 / 段落 / 篇章标记和对齐标记的双语平行语，有助于后期使用者能够根据中英断句的习惯来对语料进行自由检索。接下来对文本进行分词处理。利用北京外国语大学外研中心开发的 Tokenizer 和 Segmenter 自动分词软件分别对中英文文本的对齐层进行进一步分词处理，便于以后对于文本翻译范本的选取和归纳，以及教学和科研的对比。最后还要对文本进行有目的的清理和整理工作，进行人工校对，删除无用和错误的文本信息，同时对原信息进行标注，补全作者、译者等外部信息以及中英文标题和文献等内部信息，保证入库资料的完整性和正确性。

（二）金融双语语料库的应用价值

正如在前文所强调的那样，金融双语平行翻译语料库不仅能够将对齐好的译文范例展现给译者，同时也能让翻译研究者有机会考察英汉两种语言之间的对应和差异。大量真实的翻译实例也给译员提供了良好的参考素材，其本身亦是一个翻译质量自我评估的平台。

1. 提高教学双方面能力

将综合性金融双语平行翻译语料库应用到教学当中，首先能够帮助学生掌握专业词汇和术语的固定表达；其次，教师从中选取典型例句、段落进行金融翻译教学，讲解各种翻译方法的使用，为教学提供了真实的素材；再次，由于语料库中有句子、段落和篇章的英汉对译，学生可以做各种英汉互译练习，有利于学生翻译能力的提高；最后，利用综合性金融双语平行翻译语料库可以培养学生的自主学习能力。学生可以结合教师给出的任务要求和语料库的特点，设置合适的检索条件，然后归纳分析相关的信息，得出所需要的结果。在自主学习和团队协作中，学生能够利用语料库来归纳金融行业中某一类词语的固定表达抑或是某一类文章的翻译手段和方法。

2. 提供翻译研究的新方法

综合性金融双语平行翻译语料库为计算机辅助翻译研究提供了新课题和新方法。金融双语平行语料库下的计算机辅助翻译凭借计算机的记忆功能，在进行相近文章、段落的翻译任务时，能够提取翻译记忆进行提示和替换，通过寻找形式上的相似性来协助完成翻译任务，对翻译流程进行最优化，加强翻译的规范化。综合性金融双语平行翻译语料库的建成，势必会引起相关专家和学者的广泛关注。

3. 为交流提供帮助

随着中外经济文化交流的日益紧密，中英两种语言之间的转换频率也在迅速增加。对于外语学习者或者是翻译者而言，平时的语言积累固然重要，但面对瞬息万变的金融市场，个人的积累是远远满足不了现实需要的。同时，目前市面上的英汉双向金融词典还很紧俏，而且对于一些新鲜的词汇还无法在字典中找到对应的翻译或解释。在这种情况下，建立综合性金融双语平行翻译语料库，通过搜索关键词来满足使用者的需要，无论是从规范性还是方便性上来讲，都是更有价值的。

综合性金融双语平行语料库的构建是一个长期的行为，即使是在语料库的主体建成之后，仍然需要不断地对英汉文本进行完善，对内容进行更新，对系统进行维护，只有这样才能使其在教学、翻译研究和经济文化交流中发挥最大的功用，更好地实现其建设目的。虽然在语料库建设的过程中借鉴了建设其他英汉双语平行语料库的方法并考虑到了金融语言的特点，但仍然避免不了用户在实际的使用过程中会出现各类的状况。为了有更好的用户体验，提高综合性金融双语平行翻译语料库的影响力，在初期使用的时候，需要专门收集发现的问题，集中进行解决，为后期金融双语平行语料库的研究提供可靠的依据。同时笔者也希望以此为契机，开创基于语料库金融专业英语教学与实践的新篇章。

二、商务合同平行语料库在商务英语翻译教学中的应用

商务英语翻译是商务交际的重要环节，也是商务英语专业的核心课程。该文分析了目前商务英语翻译教学的现状以及存在的问题，指出在商务英语翻译课堂中引入语料库是创新商务英语教学的一条有效途径。鉴于商务合同在商业活动中的重要地位，笔者创建了商务合同英汉双语平行专用语料库，并揭示了其在商务英语翻译教学中巨大的应用价值，以期为平行语料库与商务翻译教学有机融合的相关研究做出贡献。

在不断加快的全球一体化进程中，对外贸易的飞速发展带动和促进了商务英语的发展。经济形势的变化使国际商务类复合型人才有了更广阔的发展和择业前景，社会对商务英语人才的需求量越来越大。目前，我国大多数商务英语专业毕业生不能很快融入、适应商务英语翻译工作，英语翻译人才的质量还需进一步提升。因此，打破传统商务英语翻译教学的滞后局面具有一定的紧迫性和必要性，而将语料库引入英语翻译课堂是创新商务英语教学的一条有效途径。

语料库是一个由大量在真实情况下使用的语言信息集成的、可供计算机检索的、专门做研究使用的巨型资料库。近几十年来语料库语言学作为一门新兴的应用语言学分支迅猛发展，其影响已遍及语言学研究的各个领域。双语平行语料库与单语语料库相比，其对翻译和对比研究的作用更大，因为平行语料库可以用于探索"如何用两种语言表达同一内容"，其潜在价值远未得到充分发掘和应用。国内对于语料库的研究起步较晚，尤其是平行语料库在翻译教学中的应用研究明显滞后，亟待开发出有效方式以扩展其在翻译中的应用。

在经济一体化和速度经济时代，现代商业活动频繁发展，每项商业交易都

需要相应的商务合同，商业交易和商务合同密不可分。鉴于商务合同在商业活动中的重要地位和作用，笔者从各大公司、商务书籍及互联网中选取真实、准确、新鲜的商务合同作为语料，创建商务合同英汉双语平行专用语料库，并配套开发商务合同术语库。其在商务英语翻译教学中具有巨大的应用价值，能够切实有效地提高学生的商务英语翻译实践能力，推动商务英语翻译实践教学的进一步发展。

（一）商务英语翻译教学的现状及存在问题

作为商务英语专业的主要核心课程，商务英语翻译是沟通国际间经贸合作的手段。合同、商标、产品说明书等翻译都需要商务英语专业人才来完成，所以商务英语专业学生必须具备良好的商务英语翻译能力，才能符合就业岗位的需求。然而，目前商务英语翻译课程教学普遍滞后，主要存在以下问题。

第一，商务翻译教学往往采用较为传统的教学方式，教学观念陈旧，体现不出当前经济生活和社会对商务翻译的需求。商务翻译课堂教学多为教师讲述，学生仅仅是回答问题、改正错误，实际的翻译实践能力并没有得到发展。

第二，课堂教学模式和方法单一，多采用"黑板＋粉笔＋教材＋课后翻译习题"的教学模式和"理论—举例—结论"的三段式教学法，课堂容量小、节奏慢，很难达到"一文多译"的效果。

第三，课堂输入量小，讲授内容受教材限制容量小，例句少并且缺乏语境，很难提高学生的主观能动性和商务翻译能力，因此导致商务翻译教学效果不尽如人意。

要改变以上现状，就要努力实现商务英语翻译课程结构的优化和科学化，扩大翻译课堂教学的信息输入量，在教师提供的真实语境中让学生快速提高翻译能力。而语料库是优化商务翻译教学最强有力的保证，可以利用其快速、准确的检索分析，在语境共现中提高、培养学生的翻译实践能力和创新能力，从而促进商务英语翻译教学模式的转变和优化。

（二）商务合同平行语料库在商务英语翻译教学中的应用

在对外经济贸易得以成功实现的诸多要素中，商务合同所起的作用不可或缺。鉴于商务合同在商业活动中的重要地位，笔者创建商务合同英汉双语平行专用语料库，并配套开发商务合同术语库，其在商务英语翻译教学中具有巨大的应用价值。

第一，真实、丰富的语料与语境使商务英语翻译教学与实践紧密结合。目前，商务英语翻译教学多以人工语料或模拟语料为教学材料，其真实性低，说服力不强，与商务翻译实践的衔接不够紧密，以致学生从课堂上学到的知识与翻译实践相脱节，教学效果不甚理想。笔者所建商务合同英汉双语平行语料库的语料均选自各大公司、商务书籍及互联网，海量、真实、准确、新鲜的语料保证了教学材料的真实性与时效性，使教学内容与商务翻译实践衔接紧密，有利于改善商务翻译教学模式，提升教学效果，提高教学质量。

第二，强大的检索、统计功能有助于学习者迅速掌握各类语篇的文体特征。商务合同英汉平行语料库的语料分为销售合同、购买合同、代理合同、雇用合同和租赁合同五大类，并根据合同内容细分小类，每一小类都含有丰富的代表性语料，可以利用语料库的检索、统计、对比等功能迅速查看到各个类型的大量语料，对其进行诸如风格、结构、语域变异、语用适切性、交际策略、礼貌原则等方面的分析，客观地判断出各类英汉语篇的文体特征，从而更加轻松准确地进行商务语篇翻译。

第三，丰富的双语文本资源为商务翻译教学提供了大量真实的译例。事实表明，双语平行语料库对翻译教学和两种语言的对比研究具有重要意义。商务合同英汉双语平行专用语料库具有专业化、网络化、即时性、针对性强等特点，且检索功能强大，提供对齐的双语句对，既可以用于实训，又能够借以教学。教师在讲授单词或词组时，可以指导学生通过中心词索引搜寻到包含该单词或词组的例句以及具体语言环境。这些真实、生动的例句和语境有助于学习者掌握其用法和搭配。另外，通过双语语料的对比、分析，学习者还可以直接观察到原文和译文明显的语言结构特征和异同，进一步总结和归纳翻译规律和技巧。

第四，大量的专业术语和特定表达帮助学习者准确迅速地翻译语块。商务英语作为一个特定语域有其独特的语言特征，在词汇使用上尤为明显。由于直接关系到交易双方的经济利益，商务合同具有用词正式规范、措辞准确严谨等特征，富含各类专业词汇、缩略语和固定表达。这些高频词汇组合而成的语块，作为基础语言单位大量储存于备用库，而掌握这些语块是准确、恰当、严谨地进行商务英语翻译的第一步。笔者借助语料库强大的词频统计、语块分析等功能，配套开发了商务合同术语库，包含近万条商务合同术语和特定用语双语表达，且可不断补充。它可以在翻译过程中自动识别待译文本中的术语并提示其相应的译文，方便、快捷的术语检索可以使学习者轻松阅读各种类型的商务文本，其对于专业术语和特定表达方式的翻译更加迅速、准确、地道，大大提升了商务英语翻译课程的教学效果。

第五，语料库驱动的商务英语翻译教学有助于培养学生的自主学习和探究能力。在传统的商务翻译课堂中，教师是由上而下的知识传授者，学生是消极被动的接受者，翻译能力的培养都局限于静态的过程，翻译学习过程也一直缺乏创造和探索的空间。评判学生译文时，教师也多是和标准译文相对照，一味寻找相似度，评价过程和衡量标准单一。用语料库驱动的方式进行商务英语翻译教学是改变现状的有效途径。例如，通过语料库丰富的双语平行资源，在讲授语言点和翻译技巧时，任课教师可以让学生自行检索、查看词语和固定表达的翻译方法，利用索引、词频、语境共现等常见功能对所学词语进行横向和纵向的比较分析，并考虑搭配过程中的文本语境等因素，进而归纳、总结语言知识的使用规律，从而掌握准确、地道的翻译方法。这种语料库驱动的教学方式始终以学生为中心，学生不再是所授内容的被动接受者，而是知识的主动获取者和建构者，是学习过程的主动参与者。学习者在教师的指导下自己动手、自主学习、自我探究，有效地利用语料库资源提高自身的商务翻译能力。这在很大程度上有效激发了学生的学习兴趣，大大促进了学生自主性、探究性学习能力的培养。

商务英语翻译能力的培养和译者能力的培养是商务英语专业人才培养的目标和核心任务之一。在目前日益增多的国际交流对商务翻译教学提出更新、更高要求的背景下，如何能够充分把握瞬息万变的国际形势，迅速提供尽可能恰当、准确的翻译是商务翻译人士需要不断揣摩和训练的问题。事实证明，这种语料库驱动的教学方式，将基于真实语料的商务翻译教学引进课堂，改变了目前机械死板且应用性不强的翻译人才培养模式，促进了商务英语翻译课堂教学模式的有效转变，使教师和学生都从中受益。一方面，把教师从繁重的备课任务和教学压力中解放出来，大大减轻了教师的工作量，为教师有时间、有精力去从事更高层次的商务翻译相关研究、以研促教、教研相长提供了一个有力平台。另一方面，学生在教师的指导下自主学习、自我探究、自己寻找答案比被动学习更有效，并且极大促进了学生商务翻译实践能力的提高和发展，使得商务翻译人员的培养更加高效、高质，从而更好地满足社会需求，为我国经济的快速发展输送人才。

第六节　旅游与茶文化翻译语料库应用

一、旅游资源翻译语料库的构建及其应用

基于语料库的翻译研究始于贝克在 1993 年发表的语料库翻译学开山之作《语料库语言学与翻译研究：启示和应用》。语料库翻译学脱胎于语料库语言

学和以多元系统理论和翻译规范理论为代表的描写性译学之间的有机融合，采用数据统计和定性研究的方法，分析翻译语言特征、翻译规范、译者风格、翻译文本的影响以及双语转换规律。目前翻译研究中常用的语料库主要有译文语料库(translational corpus)、类比语料库(comparable corpus)和对应语料库(parallel corpus) 三种。

　　现有的旅游专门语料库分别是芬兰萨翁林纳翻译研究学院研制的 67 万词的英语旅游文本语料库，英国埃塞克斯大学研制的英语旅游文本语料库，日本大学研制的京都旅游语料库，李德超、王克非研制的新型双语旅游语料库。但是，由于旅游翻译具有地域性和丰富的文化内涵，使得以上旅游翻译语料库在研究国内旅游资源翻译时显示出其局限性。本节从构建旅游资源翻译语料库的必要性、语料库的设计以及应用等方面，探索构建旅游资源翻译平行语料库对于旅游翻译研究、旅游翻译教学的意义。

（一）创建旅游资源翻译语料库的必要性

1. 旅游翻译及其特点

　　杨红英认为，旅游翻译的范畴包括旅游接待翻译、旅游管理翻译和旅游研究翻译。旅游翻译的跨行业、跨文化性和高度口语化决定了旅游翻译看似容易却达意难的特点。旅游翻译由于其受众的特点而具有明显的行业特点。而在旅游翻译实践中，导游人员的不正确发音、导游解说中不适宜的选词和表达方式、旅游景点的标识语误导以及文化差异等因素，都会妨碍游客准确理解所传达的信息。

2. 创建语料库的必要性

　　2011 年，陕西省质量技术监督局发布实施《陕西省公共场所公示语英文译写规范》系列地方标准的第二部分"旅游"，该标准的发布对规范旅游资源的翻译无疑起到了举足轻重的作用。但是，该规范作为法律性文件，无法涵盖也没有必要完全包括为数众多的旅游文本资料。创建陕西旅游资源翻译语料库恰好可以弥补这一不足，并且可以为广大旅游翻译从业者提供一定参考，为外语翻译教育提供真实素材，为景区提供可直接使用的译文，从而间接为提高我省旅游资源译写的质量，为改善陕西和西安的形象品牌，为吸引更多的外国游客游历陕西做出应有贡献。

（二）陕西旅游资源翻译语料库的构建

1. 语料库的设计

首先，课题组对陕西省旅游资源的文化特色和多样性特点进行了系统分析，初步规划了语料库的主题栏目，共分为 2 个大类和 10 个子类，基本涵盖了陕西各类型旅游资源的主要代表。

不同规模的语料库适应不同的需要，本课题立足构建小型专业语料库，根据旅游业特殊的应用目标，课题组拟定该语料库的规模为约 50 万词次。语料的收集方面，重点收集了文化和旅游部、陕西省旅游局、西安市旅游局等官方网站以及知名旅行社网站、国外知名旅游网站上有关景区的文字性介绍资料。

2. 语料的分类与录入

经初步分析，课题组将所收集到的语料分为人文旅游资源和自然旅游资源子库，其中人文旅游资源包括皇家、历史、寺庙、民俗、红色；自然旅游资源包括生态、水体、山体、冰雪、休闲。

本研究中，语料的录入着重把握了完整性和正确性这两个原则。考虑到语料的完整性，课题组对语料标题、出处、类型以及参考文献等各类原始信息和篇章结构进行分类录入、全文录入，并将难以输入的符号及图表用图片格式存入图库中。此外，为确保语料的正确性，课题组所引用的官方双语报告、宣传材料和知名出版社出版的双语书籍都经过了多次核对加工，以其作为语料来源有助于提高整体的语言质量和翻译质量。

3. 语料库的对齐与标注

本研究使用的是 ParaConc 语料库检索软件和 Free TreeTagger 标注软件。该旅游资源翻译语料库为句子等级的对齐。为了确保正确率，首先由人工利用 Word 工具完成段与段对齐的工作，进一步运用 ParaConc 软件大致达到句与句对齐，再由人工排查，最终完成句子层级的对齐。最后使用 ParaConc 软件反复检验，确保全部文本达到句子级的对齐。

（三）陕西旅游资源翻译语料库的应用

1. 研究与翻译教学

旅游资源翻译语料库的研究用途包括旅游语言本身特点的研究及旅游翻译特点的研究。前者研究旅游语言在语篇、修辞、词汇等语言层面上与普通语言不同的特点；后者则研究在翻译过程中旅游翻译与普通翻译的不同特点。

另外，建成的翻译语料库将为教授汉英双语旅游翻译的教师提供真实的教学材料，并为设计数据驱动教学提供真实和多样化的资源。

2. 机助翻译用途

语料检索既可为译者提供不同来源的语句翻译参考，也可以帮助译者理解旅游翻译的结构特征和语体特征。此外，将 TranCoTSX 作为基于统计的和基于实例的机器翻译或机助翻译的支撑数据库，可以大大提高机器翻译或机助翻译在旅游翻译领域的工作效率，还可以帮助译员有意地克服母语影响，使用译语思维。

旅游资源翻译语料库的建设难度很大，但有着重大的研究与实践应用价值。它的建成不仅能为旅游英语教学提供一个重要平台，而且还可以在旅游翻译实践中得到应用。同时，这是一次创建专业性语料库的尝试，为专业语料库的构建提供了经验。但是，该语料库的构建也存在一些不足：第一，限于人力物力，该语料库没有对语料进行相应的标注，因此限制了研究者进行基于语料库的相关研究；第二，该语料库的规模还有待扩大，以便更好地服务本地旅游业。

二、茶文化外宣翻译中的语料库技术应用

一带一路背景下，要做好符合新时代要求的茶文化外宣翻译就要考虑到译语在目的语语境中的可接受性，通过语料库参照国外文献中使用的译语表达，既是捷径，又是保证。

（一）茶文化外宣翻译的历史与现状

文化是人类在社会历史发展过程中所创造的物质财富和精神财富的总和，因此，茶文化就是指人类社会历史实践过程中所创造的与茶有关的物质财富和精神财富的总和。中华茶文化是我国传统饮茶风俗和品茗技艺的结晶，具有东方文化的深厚意蕴，并且受到传统哲学思想的影响。茶在我国的发展，经历了药用、食用和饮用的过程，因此其中包含了与之相关的丰富内容。我国的茶文化外宣与我国的茶叶出口同步进行，公元 9 世纪左右，茶叶就传入日本、朝鲜和中亚及西亚地区，16 世纪起开始传入欧洲，与茶叶这一自然物质如影随形的就是中国茶文化的全球化传播。从本质上来说，茶文化外宣翻译就是要做到利用国际茶文化领域的专业语言对我国茶文化的形成、发展、现状、哲理等文化内涵进行翻译、介绍和宣传。从概念上来讲，它包括了茶叶企业介绍、茶叶广告宣传、茶叶包装设计、茶叶名称等内容的翻译，并涵盖了茶道、茶德、茶精神、

茶联、茶书、茶具、茶学、茶故事、茶艺等非常丰富的文化内容的翻译。这类翻译往往不能够引起茶叶企业的重视，需要文化宣传部门统筹协调才能保证茶文化外宣翻译的质量。茶文化外宣翻译既要忠实地传递出我国茶文化的特色与内涵，又要符合目的受众的文化接受，才能够真正实现外宣翻译的目的，才能够真正促进我国茶文化走向世界茶文化的中心地带。

（二）语料库技术与翻译实践

语料库，从字面上看，就是语言的仓库，专业的定义是"为语言研究和应用而收集的，在计算机中存储的语言材料，由自然出现的书面语或口语的样本汇集而成，用来代表特定的语言或语言变体"。由此可见，语料库这个仓库中所存储的语言材料都是经过现实使用的真实的语言材料，而且这些语言材料经过了计算机技术的分析和加工处理，具有代表性，能够体现出具体的某个行业对语言材料的使用规律，而且，通过计算机技术对这些语言材料进行检索和提取，我们就能够获得相应语料的统计数据，如使用频率、搭配习惯、题材特征等，将其用于研究具体某个行业的语言特点。

将语料库技术应用于翻译实践，就是要通过对语料库的检索和查证，去寻找最符合具体语言使用目的的语言材料，将其直接应用到具体的翻译实践中。语料库翻译实践的工作原理在于利用双语或多语语料为翻译提供自然语言的参照。从翻译阶段看，其辅助作用可以体现在译前对字词句篇的理解上、译中对具体译法的选择上、译后对语境和语言规范的核查上；从翻译要素看，可以细化到术语、语料、风格等各个方面。

（三）语料库技术在茶文化外宣翻译中的应用

由于茶文化外宣翻译涉及中国文化的内涵与目的受众的文化接受，因此，我们需要同时使用汉语语料库和英语语料库，以及能够提供两种语言比对的双语语料库。本节以北京大学 CCL 语料库为汉语语料库，帮助理解外宣语言的文化内涵；以 CNKI 翻译助手为双语对照语料库，帮助筛选可供使用的译语表达；利用美国当代英语语料库来帮助确认所选择的译法是否符合英语读者的文化接受。

第一，汉语语料对源语词汇的内涵阐述。要做好文化内涵词的翻译，首先必须深刻理解这一词汇在特定领域的文化内涵。仅以"工夫茶"一词为例，在 CCL 语料库中输入"工夫茶"，相关文献有 68 条，如"所谓'工夫'，既意味着其中包含的技艺，亦说明喝潮州工夫茶非即冲即饮的速溶咖啡般迅速"，出自《人民日报》1993 年 3 月。通过浏览和阅读相关文献，可知"工夫茶"还有以下文化内涵：其一，工夫茶的地域性通常以潮汕、福建和台湾为代表；其二，工夫茶并不是一种茶叶，而是一种泡茶的技术和工艺，适于制作"工夫茶"的茶叶通常有普洱和乌龙茶等；其三，茶具特色鲜明，即茶杯极小，"喝茶常常不是为了解渴，而是为了情趣，尤其是喝工夫茶，一具小小的杯子，不能一口饮尽，而是一点点细品"。由此可见，此"工夫"并非李小龙的"kung fu"。通过语料查阅，译者更好地理解了该词的文化内涵。

第二，选择可用的译语表达法。一个文化内涵词汇或表达法在译语中可能会有几个基本对应的表达方法，译者需要进行初步筛选，再将其放入目的语语料库进行验证。CNKI 翻译助手作为国内最全面的中英双语对照的语料库，提供的译语表达具有权威的参照性。但在 CNKI 翻译助手检索到的"工夫茶"双语文献仅有 1 条：

Fulao people are humanistically characterized by（...），and their fondness for gongfu tea.

闽南福佬人（具有……）以及喜欢工夫茶的人文特征。

该文献将"工夫茶"译为"gongfu tea"，但考虑到李小龙和"kung fu"一词的国际影响力，有学者认为"工夫茶自然也有了相应的翻译'kung fu tea'，这个翻译无可厚非"。因此，我们也需将"kung fu tea"纳入备选的范围之中。

第三，译入语语境中的验证。在美国当代语料库中输入"kung fu tea"，检索结果为 0，可知"kung fu tea"在英语中并不常见；输入"gongfu tea"，检索结果为 1，出处为 2002 年 3 月 17 日的《旧金山年鉴》，体裁为新闻，可知其权威性，该词条为："She enlists the help of local Chinese tea experts to conduct gongfu tea ceremonies，which is the Chinese style of drinking tea."。上下文提到一位名为"Donna Lo Christy"的女士在旧金山经营一家中国茶馆，出售中国名茶，并"邀请中国本土茶艺专家表演'工夫茶'仪式"，不仅使用了"ceremony"这个词汇，还对"gongfu tea"进行了意译阐释，即"一种中国式的饮茶方式"。由此，我们可以判定"gongfu tea"在英语中曾经有过真实的使用，而且这种直译加阐释的翻译方法也是可行的。

本小节仅以"工夫茶"这一词汇为例，对语料库技术的应用进行了演示，在茶文化外宣翻译中，还会涉及句子结构、篇章结构和文体功能等方面的内容，借助于语料库技术，也可以得到更为优质的参照。

通过语料库技术，我们能够检索到最地道的关于茶文化的表达方法。批判性地借用这些表达方法，既可以保证外宣翻译正确、得体，又可以嵌入我国的文化特色，真正促进茶文化外宣翻译的目的得以实现。笔者相信，作为目前最先进的翻译技术之一，语料库技术能够为具体行业的翻译实践提供更多的帮助。

第七节　新型政治话语双语翻译模因语料库应用

中共十八大以来，以习近平同志为核心的新一届中央领导集体，在治国理政和执政方略方面，提出了许多新理念、新观点，在官方文献、政府工作报告、领导人演讲、宣传材料等方面无不体现了通俗易懂、务实简洁、清新质朴的话语特点。新型政治话语的对外翻译代表国家立场、国家利益，翻译的有效性直接影响中国在世界上的形象，以及在世界范围内得到认可的程度，对提升国际影响力和加强外交工作起着举足轻重的作用。

不少学者对新型政治话语的对外翻译展开了研究。例如，莫爱屏、周晓刚、刘坪、李语桐等分别从政治话语权、外宣"三贴近"的原则、文体和翻译、德国功能派翻译理论等视角分析了以典型官方话语、中国领导人话语、政府工作报告翻译文本、《习近平谈治国理政》等为形式的新型政治话语对外翻译策略。本研究拟从模因论角度出发，分析构建新型政治话语双语翻译模因语料库的必要性以及构建、应用的策略，以提高新型政治话语对外翻译的质量和效率。

一、模因论与新型政治话语对外翻译

模因是文化传播的单位，通过非遗传的方式，特别是模仿而得到传递。这一定义中包含的模因核心概念是任何信息一经模仿复制而得到传播便是模因。模因的表现形式可以是语言、文字、图形、曲调、想法与做法等。何自然指出，语言是文化的载体，模因是文化传播的基本单位。宁静、罗永胜在前人研究的基础上进行了总结，认为语言模因具有四个特征：自私性、可变性、适应性和可复制性。有学者认为，模因传播需经历同化、记忆、表达、传输四个阶段。语言翻译可看作语言模因的跨语际、跨文化传播过程。将模因和翻译理论结合起来，从模因论视角研究翻译，从而衍生了翻译模因论。最早提出翻译模因论的是切斯特曼，他把翻译研究看作模因论的分支，把翻译本身以及翻译理论的概念、观点、规范、策略、价值观念统称为翻译模因。翻译模因库中有源语－目标语模因、对等模因、不可译模因、意译－直译模因、写作即翻译模因五种超级模因。

从模因论的角度出发，新型政治话语属于模因的一种，它的对外翻译符合模因传播机制。模因传播需经历同化、记忆、表达、传输四个阶段。在新型政治话语的对外翻译过程中，译者作为源语读者，经过自身对源语模因的内化，将其保存在记忆中，进行解码后在目的语中重新编码，找到对等模因、意译－直译模因等，用目的语形式表达出来。翻译是语言模因的跨文化传播过程，影响了模因复制的忠实性。从语言形式上看，模因从一种语言形式转换成另一语言形式，失去了原有的语言形式；从文化上看，即使是异化翻译，也无法忠实体现源语文化的全部。因而，新型政治话语的对外翻译，从语言和文化上看，无法完全保证模因在复制传播中的忠实性。在源语到目的语传播过程中，除语言、文化的差异外，还有意识形态等方面的差异，这就无法避免一个客观事实，也就是说不是任何一个源语模因都可以在目的语中找到对应词或对等词。在新型政治话语的翻译过程中，即使采取各种翻译策略，都难以避免模因的丢失，在客观上都会影响其翻译质量。

二、基于模因论分析新型政治话语翻译模因语料库构建的必要性

任何语言形式都属于模因，新型政治话语属于特殊的语言形式，是模因的一种，既然是模因就具备模因性，其传播也应遵循模因的传播规律。新型政治话语的对外翻译是源语向目的语传播的过程。它的传播过程受到各种因素的影响，比如，语言、文化、意识形态、译者因素等。

基于此，新型政治话语的对外翻译存在的普遍问题是，相同源语模因的翻译常常缺乏一致性，出现几种不同的目的语模因，以致目的语受众无所适从。由于翻译质量受语言、文化、意识形态差异等客观因素的影响，同时还受译者因素和翻译策略选择等方面的影响。因此，有必要构建一个系统、规范、全面的新型政治话语翻译模因语料库，为各种外事、外宣翻译活动提供借鉴和语料支持，使译者能够在双语翻译模因语料库中快速启用规范的目的语模因，大幅提升对外翻译的质量和效率。

三、新型政治话语双语翻译模因语料库的构建与应用

（一）新型政治话语双语翻译模因语料库的构建

由于政治话语的对外翻译专业性较强，难度较大，既要代表国家立场，又要贴近译入语受众的信息需求，因此，对翻译策略的选择要求也较高。以《习近平谈治国理政》（英文版）为例，在习近平23篇国际演讲中，对故事、经典、

隐喻、俗语的翻译，用了 91 次直译、15 次化译、14 次回译，最大程度上向译入语受众展现了源语文化的特色。政治文献的官方翻译由中央编译局、外交部、外文局、新华社等部门业务能力精湛、富有实践经验的中外专家翻译团队合作完成，确保了译本的权威性。可见，官方译本充分考量了新型政治话语翻译策略的选择，严格把关翻译质量，以达到政治文献的对外宣传目的。

为提高新型政治话语的翻译质量和效率，笔者以官方译本为语料来源，构建一个新型政治话语双语翻译模因语料库，以供译者在翻译时使用。语料库的构建方法可参照刘克强、韩娟等关于《习近平谈治国理政》汉英平行语料库的研制方法，用平行语料库对齐工具，使用句对齐、词性标注、语义标注和用典标注，或者按政治、经济、文化、法制、生态、民生、外交、俗语俚语与诗文引用等方面进行归类，将源语模因按字、词、句、段落、篇章为单位储存到语言模因语料库，每个源语语言单位都附有英文翻译。例如，小康社会"a moderately prosperous society in all respects"；十八大精神"the guiding principle of the 18th National Congress"；空谈误国，实干兴邦"Empty talk harms the country，while hard work makes it flourish"；踏石留印，抓铁有痕"leave marks when we tread on stones or grasp iron"；三股势力"three forces of terrorism，separatism and extremism"；得民心者得天下，失民心者失天下，人民拥护和支持是党执政的最牢固根基"As an old Chinese saying goes，'Those who win the people's hearts win the country，and those who lose the people's hearts lose the country.' Likewise，the people's support is the most solid foundation for the Party's governance."等。

任何语言都具备模因性，即自私性、可变性、适应性、可复制性，这是语言模因的最根本的属性。模因就像基因一样，具有自私性，一旦具备条件，就会进入宿主的大脑。强势模因正是经历了激烈竞争脱颖而出的。新型政治话语模因中的强势模因和弱势模因是相对的，会随着国家的政治、经济、文化等地位的变化而变化，强势模因与弱势模因可互相转变。新型政治话语模因只有当它们符合源语国家立场、国家利益，并能被目的语受众接受，适应传播的需要时，传播范围才会更广，才能成为强势模因，并具有较强的可复制性。当翻译后的新型政治话语模因具备了较强的适应性和可复制性，说明翻译文本质量较高。在所构建的双语翻译模因语料库中，经过精心挑选的翻译模因，适应对外传播的需要，具备较强的适应性和可复制性，为译文质量提供了可靠保障。此外，陈琳霞、何自然认为，模因要被人们普遍接受并模仿，必须具备模因的实用性、合理性、时尚性、权威性的特征或其中一种。总之，在构建双语翻译模因语料库时，应与时俱进，对于一些陈旧的、不合时宜的翻译模因要随时更新，适应对外传播的需要，以提高其适应性和可复制性，从而广为传播。

（二）新型政治话语双语翻译模因语料库的应用

由于译者既是源语模因的感染者，又是源语模因的传播者，新型政治话语的对外翻译受译者因素的影响。首先，从译者的理解力角度看，在模因传播的同化阶段，译者作为源语读者，要透彻理解源语文本或话语，如果译者缺乏政治敏锐性和基本的政治素养，就较难对其进行理解内化，在源语中不能很好地解码，更不用说使用目的语对其重新编码，从而直接影响模因传播的记忆、表达、传输环节。其次，从译者的目的语语言水平看，即使在充分理解源语模因的基础上，在模因表达阶段也需对其重新编码，找到与源语模因对应的或接近目的语并能被译入语受众接受的模因。如果译者的目的语语言水平有限，不能完全准确地复制源语模因，就较难将源语模因用目的语表达出来并忠实地呈现给译入语受众。最后，译者对翻译策略的选择也与翻译效果密切相关。可见，译者因素直接影响翻译质量。

为避免在对外翻译过程中译者因素的影响，应构建一个语料库，即新型政治话语双语翻译模因语料库，它的构建为对外翻译提供了丰富、规范、地道的语言素材。译者可输入汉语语言单位，即可检索到相应的英文翻译，或者输入关键词，就可在语料库中找到一系列相关的翻译模因，它们或是被单独列出，或是除被单独列出外还附有关键词所在的句子或段落。因而，在对外翻译中，对于一些源语模因，尤其是对其翻译还尚存疑问的源语模因，可通过检索双语翻译模因语料库，找到相应模因，以便在各种外事、外宣翻译活动中，使各个新型政治话语模因翻译保持一致性，提高模因传播的适应性和可复制性，使中国政治话语成为强势模因。至于新型政治话语中出现的新词、新的表达等，在语料库中如果还未能找到相应的翻译模因，在对外翻译时也需选择适当的翻译策略，尽可能忠实地再现源语模因，以满足政治话语对外传播和译入语受众了解中国的需要。

新型政治话语表达严谨、文体正式，它代表着国家利益和立场。其是特殊的语言模因，在翻译过程中，译者应保持源语模因的语言和文化内涵、话语风格、意识形态。它的对外翻译专业性强，对翻译策略的选择也比较讲究。为了在对外宣传中保持新型政治话语翻译的一致性，同时为避免政治性用语的选词错误，应构建一个系统的新型政治话语双语翻译模因语料库，并使其成为一种公共资源。该语料库构建能为外事、外宣翻译提供丰富的语言素材，在较大程度上提高对外翻译的质量和效率。

参 考 文 献

[1] 张红玲. 跨文化外语教学 [M]. 上海：上海外语教育出版社，2007.

[2] 吴为善，严慧仙. 跨文化交际概论 [M]. 北京：商务印书馆，2009.

[3] 姚丽，姚烨. 英汉文化差异下的英语教学探究 [M]. 北京：中国书籍出版社，2014.

[4] 王佐良. 翻译：思考与试笔 [M]. 北京：外语教学与研究出版社，1989.

[5] 刘晓民，刘金龙. 大学英语翻译教学：问题与对策 [J]. 山东外语教学，2013，34（05）：69-73.

[6] 肖乐. 试论旅游英语翻译中的创造性 [J]. 外国语文，2011，27（04）：93-97.

[7] 高梅. 项目课程模式下商务英语翻译教学改革 [J]. 价值工程，2016，35（31）：144-146.

[8] 周妮. 中国茶文化对外传播中英语翻译策略探析 [J]. 福建茶叶，2017，39（05）：295-296.

[9] 李亚蕾. "互联网 +"背景下大学英语翻译教学模式的创新路径 [J]. 湖北函授大学学报，2018，31（08）：163-164.

[10] 曹野. "互联网 +"背景下医学英语评注式翻译教学模式的构建 [J]. 中国医学教育技术，2018，32（01）：66-69.

[11] 黄旦华. "互联网 +"背景下大学英语翻译教学模式创新研究 [J]. 教育理论与实践，2017，37（15）：53-54.

[12] 杜开群. 关于高校英语语言学教学问题及对策分析 [J]. 山东农业工程学院学报，2017，34（02）：5-6.

[13] 杨飞. "ESP"理论视角下的大型国际赛事体育英语翻译现状分析 [J]. 成都体育学院学报，2015，41（03）：64-67.